INTRODUÇÃO AO LIBERTARIANISMO

BERNARDO SANTORO

INTRODUÇÃO AO LIBERTARIANISMO

70

INTRODUÇÃO AO LIBERTARIANISMO

Autor: Bernardo Santoro

Diretor Almedina Brasil: Rodrigo Mentz
Editor de Ciências Sociais e Humanas: Marco Pace
Revisão: Luciana Boni

Diagramação: Almedina
Design de Capa: Roberta Bassanetto

ISBN: 9788562938566
Maio, 2022

Dados Internacionais de Catalogação na Publicação (CIP)
(Câmara Brasileira do Livro, SP, Brasil)

Santoro, Bernardo
Introdução ao libertarianismo/Bernardo Santoro
São Paulo : Edições 70, 2022

ISBN 978-85-62938-56-6

1. Anarquismo 2. Direito 3. Epistemologia
4. Ética 5. Filosofia 6. Liberalismo 7. Libertarismo
I. Título.

22-103666 CDD-121

Índices para catálogo sistemático:

1. Ciências políticas 320

Maria Alice Ferreira – Bibliotecária – CRB-8/7964

Este livro segue as regras do novo Acordo Ortográfico da Língua Portuguesa (1990).

Editora: Almedina Brasil
Rua José Maria Lisboa, 860, Conj. 131 e 132, Jardim Paulista | 01423-001 São Paulo | Brasil
www.almedina.com.br

Uma das leis mais fundamentais da economia assevera que toda redistribuição compulsória de riqueza ou de renda, independentemente dos critérios em que se baseia, implica tomar à força de alguns e dar a outros. Assim, o incentivo para ser um possuidor é reduzido e o incentivo para ser um não-possuidor é estimulado.

A irresponsabilidade, o imediatismo, a aversão a uma visão de longo prazo, a negligência, a doença e o descuido são promovidos; e a responsabilidade, a visão de longo prazo, a diligência, a saúde e a conservação são desencorajadas e punidas.

HANS-HERMANN HOPPE

Aos libertários dogmáticos e pragmáticos de todo o mundo.

AGRADECIMENTOS

Ao prof. Marcello Ciotola, que me guiou pelos tortuosos caminhos do tecnicismo acadêmico e é a maior referência de inteligência jurídica para mim. Ao prof. Ubiratan Iorio, mais inteligente economista que conheci. Ao prof. Alex Catharino, meu melhor amigo na academia.

Ao amigo e assistente de pesquisa Adriel Santana, meu mais efusivo obrigado. Não estaria aqui hoje sem você. Conte sempre comigo.

Saindo da academia, começo agora os agradecimentos ao movimento liberal/libertário brasileiro.

Primeiramente, a todos os companheiros de luta do Instituto Liberal do Rio de Janeiro, em especial ao meu principal apoiador durante toda a minha presidência, o querido Salim Mattar. Quando falaram que não era possível, nós não acreditamos, fomos lá, e fizemos!

Especial agradecimento ao amigo Lucas Berlanza, atual Presidente do IL e que me apresentou aos amigos da Editora.

Aos demais amigos do movimento liberal/libertário, que carregam a chama da liberdade, minhas palmas.

Aos amigos da Editora Almedina Brasil / Edições 70, meu agradecimento especial por acreditarem nesse trabalho. Não se arrependerão.

Como não podia deixar de ser, deixo o melhor por último: minha família.

Pai, mãe, tia Patrícia, irmã Bianca, tia Celi, padrasto e madrasta. A todos vocês, muito obrigado por tudo sempre. À minha querida avó, saudades eternas. Sua força é minha inspiração. Aos demais parentes, vivos ou com Deus, obrigado.

Ao núcleo mais duro: Gisele, João e Fernando. Vocês fazem parte desse projeto tanto quanto eu.

E a todos os amantes da liberdade também vai meu agradecimento. E que vocês sempre lembrem a todos os que lhes cercam que é possível ignorar a realidade, mas é impossível ignorar as consequências de se ignorar a realidade.

APRESENTAÇÃO

A presente obra é o resgate, com algumas leves modificações, da dissertação apresentada em 2014 para a obtenção do título de Mestre, dentro da linha de pesquisa de "Teoria e Filosofia do Direito" na Universidade do Estado do Rio de Janeiro. O título original da dissertação é "Libertarianismo: epistemologia, ética e direito".

A vontade de escrever um trabalho que envolvesse a discussão epistemológica, ética e, principalmente, jurídica sobre o pensamento libertário veio exatamente da nossa observação do fato que o pensamento libertário no Brasil, na época em franca expansão, com muitos institutos e sites trabalhando textos sobre o tema, estava sendo excessivamente focado na questão econômica, deixando-se de lado outros importantes pilares da ciência social.

Havia uma explicação histórica para isso. Estávamos, em 2014, no décimo-primeiro ano de administração executiva do Brasil pelo Partido dos Trabalhadores, uma agremiação política que, apesar de uma ou outra concessão, tinha na sua gênese a defesa do dirigismo estatal da economia. Como costuma acontecer com frequência, o dirigismo econômico parece fazer o ambiente de negócios melhorar, principalmente através do consumo de poupança interna e externa, mas um dia a poupança acaba e a conta do consumo desenfreado sem aumento da produtividade chega, levando a uma grande depressão.

Nesse processo, o debate político econômico se fizera muito mais importante e relevante do que um debate acadêmico sobre ética, ainda que, ironicamente, em última análise, por trás da discussão econômica se encontrava sim uma rendição à ética utilitária e ao argumento liberal e libertário de que a economia precisaria de mais liberdade, com o PT precisando ser removido do poder, porque isso seria, supostamente, objetivamente mais útil para a sociedade. Ou seja, mesmo na tentativa de se retirar o conteúdo ético de uma discussão econômica, ainda assim há uma base ética por trás.

Não podemos ignorar ainda que, por trás de toda base ética, de todo "sistema fechado de verdades", existe um meio epistemológico para se chegar ao conhecimento dessas verdades e, nesse bojo, validá-los do ponto de vista científico. Debate esse que não pode ser ignorado, especialmente em âmbito acadêmico.

Também nesse contexto, enquanto amante libertário do Direito, advogado e professor, raramente víamos qualquer coisa acerca da visão "juslibertária", que estava totalmente dentro do nosso campo de interesse.

Quando, em 2002, começamos a graduação em Direito, também na mesma UERJ, e tivemos pela primeira vez acesso a livros de conteúdo mais liberal (não falemos ainda de pensamento libertário propriamente dito), ainda que no fundo da biblioteca da Faculdade de Filosofia, que ficava dois andares acima da Faculdade de Direito, ficamos curiosos com aquela quebra de paradigma de conceitos que nos aparecia de forma totalmente individualista. Somente após alguma pesquisa de internet que tivemos a oportunidade de conhecermos o Instituto Liberal do Rio de Janeiro e a sua maravilhosa biblioteca, onde finalmente pudemos ter acesso a conceitos mais amplos e sistemáticos dentro desse campo filosófico. A maioria das obras jurídicas, quando existiam ali, estavam em inglês, salvo raríssimas exceções, tais quais algumas obras de autores como Hayek e Leoni, que serão citadas ao longo desse trabalho. Embora não fosse um problema para nós, a barreira linguística certamente seria uma questão relevante para a maioria dos brasileiros.

Quando entramos no mestrado, em 2012, dentro desse contexto histórico social e pessoal, já militávamos de tal forma em defesa da liberdade, seja escrevendo para institutos libertários (como o Instituto Mises Brasil), seja ajudando na administração do Instituto Liberal (como diretor jurídico ou de relações institucionais) ou até mesmo tentando fundar um partido libertário (o Libertários), que nada mais natural do que fazermos do libertarianismo nossa dissertação, levando esse pensamento, já mastigado e, na medida do possível, simplificado, para uma gama de estudantes em todo o Brasil.

Embora concluído no prazo, projetos pessoais nos impediram de trabalhar a publicação dessa dissertação para o grande público, o que finalmente agora conseguimos através da parceria com a nossa editora e amigos. De certa forma, a publicação dessa obra acaba por ser uma espécie de máquina do tempo para nós, pois aquele garoto que escreveu as linhas que seguirão já não tem mais o ardor de outrora, tendo sucumbido, até certo ponto, ao pragmatismo que a experiência eventualmente nos leva a ter, além de termos revisto algumas ideias políticas, agregando também conteúdos de cunho mais conservador, que decidimos não adicionar nesta obra, mantendo sua pureza de princípios.

Para mantermos uma coerência lógica no processo de pesquisa científica, o que já valorizávamos desde a mocidade, após a introdução vamos trabalhar primeiramente a epistemologia libertária, ou seja, o modo de obtenção da verdade, para somente depois debatermos a verdade em si (ou as diferentes visões libertárias da verdade) e, então, falarmos um pouquinho sobre o pensamento libertário no direito como sendo uma decorrência lógica dos pressupostos éticos do libertarianismo, tanto no seu conteúdo em defesa da liberdade quanto no seu método de produção, seja ele através da legislação monocêntrica tradicional ou por conta da polêmica tese da legislação policêntrica.

Também dentro de um rigor científico extremo, como manda a metodologia tradicional, focamos, ao longo dos capítulos, em uma postura meramente descritiva das posições dos diferentes autores sobre as problemáticas da liberdade, nos abstendo de comentários pessoais no desenvolvimento da dissertação. Somente ousamos apresentar nossas críticas pessoais no capítulo final, de conclusão, onde lá apresentamos reflexões sobre as diferentes correntes epistemológicas, éticas e jurídicas do pensamento libertário.

A todos os estudantes de direito, sociologia, filosofia, economia e, porque não, a todos os demais estudantes, e mesmo os que não estejam na academia, mas que queiram abrir a mente a esse rico pensamento que é o libertarianismo, agradecemos a oportunidade de sermos um instrumento para o enriquecimento filosófico pessoal de cada um dos leitores dessa obra.

Nosso muito obrigado a todos vocês.

PREFÁCIO

Este livro "Introdução ao Libertarianismo" de Bernardo Santoro, vem preencher uma lacuna no meio acadêmico e intelectual liberal. O tema liberalismo já foi bem abordado por inúmeros autores, dentre os quais Donald Stewart nos anos oitenta com sua obra "O que é o Liberalismo" e agora, mais recentemente, Lucas Berlanza nos presenteou com sua obra "Introdução ao Liberalismo". Mas o que é mesmo o "libertarianismo"? Libertarianismo ou libertarismo vem do latim libertas que significa liberdade é uma filosofia política e um movimento que defende a liberdade como princípio central. Os libertários são céticos em relação à autoridade e ao estado. Diferentes escolas do pensamento libertário têm pontos de vista distintos sobre as funções legítimas do estado e do poder, mas unânimes em exigir a restrição ou mesmo dissolução de instituições coercitivas e de cunho social. Somente no século XX, as ideologias do libertarianismo de direita como o anarcocapitalismo e o minarquismo assumiram o termo libertarianismo para defender o capitalismo do laissez-faire e os direitos da propriedade privada. A forma dominante de libertarianismo nos Estados Unidos defende as liberdades civis, o direito natural, o capitalismo com livre mercado e um total retrocesso do estado de bem-estar social. Já o minarquismo é uma teoria política que designa como função do estado apenas assegurar os direitos básicos da população e que as suas únicas atribuições seriam a promoção da segurança pública, da justiça e do poder de polícia e legislação unicamente para assegurar o cumprimento dessas funções. Assim como o termo libertário surgiu em 1789 quando William Belsham escreveu sobre libertarianismo, em 1796 o termo libertário passou a significar "defensor da liberdade".

Muitos amigos próximos de Bernardo Santoro não sabem o quanto ele é intelectualizado. Bernardo Santoro sempre foi irrequieto, curioso e crítico. Nesta obra Santoro vai nas profundezas do conhecimento e define termos de acordo com a sua consciência sem se importar com o usual estabelecido. Sistematiza o pensamento libertário a partir de cinco conceitos básicos como: a soberania individual, a defesa de direitos de propriedade absolutos, a liberdade de empreender, a defesa dos direitos humanos como direitos individuais e o princípio da não iniciação da agressão contra indivíduos pacíficos. Busca no falsificacionismo de Karl Popper, na teoria anarquista de Feyerabend, no individualismo metodológico de Max Weber, na corrente individualista-radical praxeológica de Von Mises e no subjetivismo evolucionista de Hayek o conteúdo para o cerne de sua obra.

A parte mais rica do livro é na conclusão onde Bernardo se anima e vai longe em sua análise. Ele não se importa com regras passadas já definidas. Bernardo deixa que sua intuição dirija a sua consciência e descreve com leveza e profundidade os seus pontos de vista. Na Crítica à Epistemologia Libertária cita Feyerabend ao declarar que a liberdade de método expande a base científica e a capacidade de se revelar a verdade. Na Crítica à Ética Libertária cita que estudos como a Escola da Escolha pública e a Análise Econômica do Direito entendem que a atuação estatal, com poderes concentrados nas mãos do agente estatal que também está em busca dos próprios interesses, tendem a ser mais nocivos que as falhas de mercado, gerando as falhas de governo. Na Crítica ao Direito Libertário alerta citando David Friedman onde argumenta que a aplicação de um livre mercado de leis, pode, ao final, produzir uma legislação altamente anti-libertária se, dentro do mercado, através do método de tentativa e erro, se chegar à conclusão de que é melhor uma única agencia monopolista de legislação e segurança do que uma diversidade delas. E em suas Considerações Finais busca em Diogo Costa o pilar de sua afirmação de que é extremamente saudável para o movimento libertário e para as ideias libertárias que tenhamos vários argumentos em prol da liberdade significando uma maior probabilidade de se convencer pessoas dos mais diferentes perfis a estudar a filosofia política e a inserir de modo definitivo no debate político do Brasil e do mundo, especialmente em um momento de grave crise do estado que demonstra a sua insustentabilidade financeira.

Mergulhe fundo no conteúdo deste livro que lhe proporcionará um conhecimento adicional relevante e que fará diferença em suas considerações sobre os temas abordados.

SALIM MATTAR

SUMÁRIO

1.
INTRODUÇÃO

O debate acadêmico sempre se caracterizou por sua pluralidade, mas uma importante escola do pensamento filosófico tem sido pouco trabalhada e discutida no Brasil: o libertarianismo. No universo jurídico, menos ainda.

O libertarianismo (ou libertarismo) é uma filosofia política surgida a partir do liberalismo clássico dos séculos XVII e XVIII, que libertou a indústria e a economia britânica do controle do Estado, da monarquia absolutista e das guildas urbanas que impunham toda a sorte de privilégios para cidadãos com boa influência junto ao governo[1].

O liberalismo clássico foi um movimento heterogêneo, e por isso, de difícil conceitualização. Pode se dizer que os traços em comum dentro do movimento foram as teses do racionalismo, do

(1) ROTHBARD, Murray. *Por um Nova Liberdade: o Manifesto Libertário*. Trad. Rafael de Sales Azevedo. São Paulo: Instituto Ludwig von Mises Brasil, 2013. p. 16.

individualismo, do igualitarismo formal, do universalismo, do reformismo e do progressismo([2]).

Em menor escala, o próprio princípio da liberdade deve ser visto como um elemento comum a todas as ramificações liberais, aqui entendido como a possibilidade de uma pessoa realizar o ato que quiser, sem ser regulado, tributado, ou punido, a não ser que haja razão suficiente para demonstrar porque não deve ser permissível. A fluidez do nível de permissibilidade da liberdade dentro das diferentes correntes liberais se tornou uma das principais críticas da visão liberal mais radical, que enxergava nessa flexibilidade a possibilidade de descaracterização do pensamento liberal e sua anexação por outros movimentos políticos menos comprometidos com certos princípios a eles inegociáveis, como a soberania individual.([3])

O berço do pensamento liberal clássico foi o Reino Unido, sendo seu principal teórico o filósofo John Locke e seus principais movimentos políticos os radicais '*Levellers*", os "*True Whig*" e os "*Whig Settlement*". Na sua origem europeia, o pensamento liberal clássico teve muita resistência institucional, o que não aconteceu nos EUA, onde o espírito do "Novo Mundo" abarcava as novas ideias. Na Europa, acabou se esvaziando como alternativa política ao longo do tempo, frente ao crescimento do pensamento socialista([4]).

A Revolução Americana nasceu de um sentimento explicitamente liberal, tendo como bandeiras a luta contra um império, contra os

---

([2]) MACEDO, Ubiratan Borges de. *Liberalismo e Justiça Social*. São Paulo: IBRASA, 1995. p. 25.

([3]) COSTA, Diogo. *O Liberalismo e os Libertários*. Disponível em <http://ordemlivre.org/posts/o-liberalismo-e-os-libertarios>. Acesso em 16 fev. 2022.

([4]) ROTHBARD, Murray. Op. Cit. p. 18-20.

impostos, contra o monopólio comercial e a regulamentação, contra o militarismo e contra o poder centralizado. No entanto, rapidamente grupos organizados criaram o Partido Federalista, com o intuito de criar uma estrutura centralizada e legislações interventoras. Após sucessivas mudanças governamentais, independentemente do legítimo e bem-vindo fim da escravidão, do fim da Guerra de Secessão nasceu um país antiliberal, com grande poder governamental nacional, tarifas protecionistas, subsídios a grandes empresas, papel-moeda inflacionário, controle bancário pelo Governo federal, programa de melhorias internas estatal, altos impostos sobre o comércio e vendas, além de, durante a guerra, alistamento militar obrigatório e imposto de renda([5]).

Um estranho fenômeno se abateu sobre o movimento liberal clássico, já desfigurado e alijado das decisões políticas nos EUA, dentro da crítica anteriormente feita pela sua facção mais radical, e a heterogeneidade de pensamento resultou no esvaziamento do liberalismo como pensamento político autônomo e a cooptação de suas bandeiras pelo movimento conservador, no que tange às liberdades econômicas, e pelo movimento socialista, no que tange às liberdades civis, deixando órfãos de representatividade os cidadãos cuja visão política reflete uma defesa integral do conceito de liberdade, tanto civil quanto economicamente([6]), a ponto de o próprio nome "liberal" passar a ser identificado com a social-democracia estadunidense.

Dada a tradição do pensamento liberal americano, seus princípios e história nunca foram totalmente ignorados pela população.

([5]) Id, Ibid. p. 21-23.

([6]) Id, Ibid. p. 24-25.

O fundador da *Foundation for Economic Education*, Leonard Read, na década de 1950, cunhou o termo "libertário", outrora identificado com o anarco socialismo europeu, para identificar o novo movimento político baseado no liberalismo radical de Locke(7). O relativo sucesso do livro "Anarquia, Estado e Utopia" de Robert Nozick, professor da Harvard University, resgatou por completo o pensamento, agora libertário, na academia. Na última década o debate saiu da academia e tomou o grande público, principalmente devido ao extraordinário crescimento recente da corrente libertária dentro do Partido Republicano, um dos dois principais partidos políticos dos EUA, cujo renascimento remonta à década de 1960, através da liderança de Barry Goldwater(8).

Essa ascensão resultou na criação de uma nova geração de intelectuais acadêmicos com grande destaque profissional nas suas respectivas áreas, bem como o resgate de pensadores esquecidos. Merecem citação nomes como Ludwig von Mises, Friedrich Von Hayek, Murray Rothbard, Ayn Rand, Israel Kirzner, Bruno Leoni, Stephan Kinsella, Laura e Morris Tannehill, Randy Barnett e Roderick Long. Dentre os mais recentes pensadores, Hans-Hermann Hoppe pode ser considerado o que trouxe mais avanços para a ética e o direito libertário. Mesmo no Brasil, tivemos em nossa história pensadores com forte cunho libertário, como Joaquim Nabuco e Joaquim Murtinho, que merecem ser relembrados.

---

(7) COSTA, Diogo. Op. Cit.

(8) O movimento libertário é representado por diversas correntes dentro do Partido Republicano, sendo o mais importante o Republican Liberty Caucus. Princípios disponíveis em <http://www.rlc.org/principles>. Acesso em 16 fev 2022.

Destaca-se, ainda, o grande número de instituições acadêmicas não-formalizadas, conhecidas como "think-tanks", criadas para divulgar o pensamento libertário no mundo. O CATO Institute americano é hoje um dos maiores "think-tanks" do mundo. Outras instituições, como o SFL, YAL, Mises Institute, Foundation for Economic Education, Atlas Research, Language of Liberty, cada vez mais se profissionalizam, atraindo estudantes, acadêmicos e investimentos. No Brasil, o ressurgimento dos Institutos Liberais, bem como o Instituto Mises Brasil, os Institutos de Formação de Líderes, o Instituto de Estudos Empresariais e a rede Estudantes pela Liberdade sedimentam o pensamento libertário pátrio.

Embora ainda haja bastante divergências quanto ao método epistemológico, a questões éticas específicas, à visão econômica e ao sistema jurídico, o novo movimento libertário já é substancialmente mais homogêneo que o pensamento liberal-conservador.

O pensamento libertário pode ser sistematizado a partir de cinco conceitos básicos: a soberania individual, a defesa de direitos de propriedade absolutos, a liberdade de empreender, a defesa dos direitos humanos como direitos individuais e o princípio da não iniciação de agressão contra indivíduos pacíficos. O conjunto desses princípios tem como meta a maximização das liberdades civis e econômicas do indivíduo contra a opressão de terceiros, sejam eles outros indivíduos, empresas e até mesmo, e principalmente, o aparelho estatal([9]).

O objeto da presente obra é, a partir dessa conceituação inicial, apresentar um panorama geral das discussões epistemológicas, éticas e jurídicas concernentes ao pensamento libertário, de forma que

([9]) ROTHBARD, Murray. *Op. Cit.* p. 37-62.

acadêmicos e professores do Brasil tenham contato com esse ramo da filosofia política que tanto cresce no Brasil e no mundo.

No segundo capítulo, apresentaremos as diferentes correntes epistemológicas de onde foram desenvolvidos os parâmetros éticos do pensamento libertário e a discussão sobre a aplicação da ideia de liberdade dentro do próprio método científico a partir das discussões de Paul Feyerabend, sem deixar de se desenvolver a ideia de individualismo metodológico e sua versão extrema, o apriorismo praxeológico de Ludwig von Mises, bem como as visões de Hayek e Popper.

No terceiro capítulo são discutidas as diferentes visões éticas do libertarianismo a partir da sua dimensão deontológica, utilitária, dialogal-argumentativa e pluralista. Junto à visão deontológica, muito próxima do pensamento de John Locke, apresentar-se-á a visão do egoísmo normativista de Ayn Rand. A visão dialogal-argumentativa é uma versão libertária da teoria da argumentação de Habermas, exposta por Hans-Hermann Hoppe. Como forma de justificar a visão libertária utilitária, que se baseia no utilitarismo liberal clássico, abre-se uma discussão sobre a perspectiva econômica da liberdade. O discurso pluralista tenta, na medida do possível, conjugar as diferentes visões éticas libertárias.

No quarto capítulo se destaca o juslibertarianismo inspirado na visão ética libertária e a discussão entre um modelo de sistema legal monocêntrico, de cunho estatal, e um de matriz policêntrica, baseado na prestação legislativa, judicial e policial pelo mercado, como todo e qualquer bem ou serviço produzido pelo ser humano.

Por fim, na conclusão, será feita uma análise crítica das diferentes correntes libertárias.

2.

EPISTEMOLOGIA LIBERTÁRIA NAS CIÊNCIAS SOCIAIS

A Teoria do Conhecimento é o campo científico que estuda as formas e os caminhos necessários para se descobrir a verdade científica, não se preocupando tanto com a verdade em si, mas sim se o método utilizado para se descobrir a verdade é válido ou não, sendo a doutrina das condições transcendentais e empírico-positivas do conhecimento e podendo se dividir em ontognoseologia e epistemologia(10).

Ontognoseologia é a teoria do conhecimento em sua visão mais ampla, desenvolvendo e integrando em si as pesquisas sobre as condições do conhecimento do ponto de vista do sujeito (a parte *subjecti*) e sobre essas condições do ponto de vista do objeto (a parte *objecti*)"(11).

Epistemologia é a concretização da pesquisa dessa teoria do conhecimento em um campo científico específico(12). A epistemologia se propõe a responder questões que de maneira recorrente surgem e ressurgem na pesquisa científica, tais como: "o que conhecemos?";

---

(10) REALE, Miguel. *Filosofia do direito*. 19. ed. São Paulo: Saraiva, 1999.

(11) Id, Ibid.

(12) Id, Ibid.

"como conhecemos?", "o que é o conhecimento científico?"; "o que faz a ciência?"; dentre tantas outras.[13]

Uma pesquisa sobre o pensamento filosófico libertário aplicado às ciências sociais exige que, antes da apresentação do seu conteúdo ético e sua aplicabilidade prática no campo da gestão das relações sociais, se formule as teorias epistemológicas que legitimam esse pensamento dentro de um método, importando o libertarianismo da filosofia para a ciência.

A epistemologia libertária nas ciências sociais é bastante heterogênea, de onde se faz necessário a busca de um elemento comum a todas as correntes de pensamento para que, então, todas possam ser analisadas nas suas particularidades.

2.1. Fatores em comum entre as epistemologias libertárias

Todas as epistemologias ligadas ao pensamento libertário são assim catalogadas pelo fato de que, em algum grau, a verdade (ou a não falsidade, no caso de Karl Popper) produzida pela execução de seus métodos terem chegado à conclusão de que a melhor ética a basear a relação social entre homens racionais é a ética baseada na maximização das liberdades políticas, sociais e econômicas dos indivíduos que compõem determinada sociedade.

---

(13) MASSONI, Neusa Teresinha. *Epistemologias do século XX*. Porto Alegre: UFRGS, Instituto de Física, Programa da Pós-Graduação em Ensino de Física, 2005.

O outro grande fator em comum entre essas teorias do conhecimento é a repulsa ao chamado método positivista-empírico, que é o método mais consagrado nas ciências em geral, e ainda bastante respeitado no âmbito das ciências sociais, sobretudo após o trabalho de Augusto Comte([14]).

A publicação do "Curso de Filosofia Positiva" desse autor é um momento de mudança paradigmática na história do pensamento europeu e americano, possuindo até hoje seguidores e renovadores, como bem exemplifica o movimento neopositivista contemporâneo([15]).

De acordo com o positivismo comteano, o empirismo lógico leva ao extremo o cuidado com as condições formais da investigação científica, baseados sobretudo no princípio de convencionalidade de seus pressupostos e na verificabilidade([16]).

O modelo positivista de método científico pode ser resumido em quatro passos: (i) o cientista observa empiricamente certas ocorrências regulares, ou "leis", dentro de eventos aleatórios; (ii) uma explicação geral é construída desses exemplos; (iii) como podem ser extraídas hipóteses concorrentes dessa observação, todas devem ser testadas em observações empíricas, gerando inclusive novas hipóteses; (iv) conforme esses testes continuam, são descartadas as hipóteses falhas e permanecem as que passaram no teste, sendo testadas então em um campo ainda mais amplo que o da experiência controlada anterior([17]).

([14]) REALE, Miguel. *Filosofia do direito*. 19. ed. São Paulo: Saraiva, 1999.

([15]) *Id, Ibid.*

([16]) *Id, Ibid.*

([17]) ROTHBARD, Murray. *Praxeology as the Method of Social Sciences*. Disponível em https://w.mises.ch/library/Rothbard_PraxeologyAsTheMethod.pdf. Acesso em 22 fev. 2022.

Esse modelo é duramente criticado pelo pensamento libertário em geral pelo fato de que hipóteses no campo social são muito mais volúveis do que na natureza. Ciências sociais são baseadas no fenômeno da vida e da interrelação de indivíduos em sociedade, ou seja, no comportamento humano, e a possibilidade de um determinado ato humano ser reproduzido na sua integralidade por outro ser humano em uma experiência controlada é ínfima, dadas as características peculiares de cada indivíduo([18]).

Max Weber, em visão análoga, defende que([19]):

> Coletividades devem ser tratadas como resultantes e modos de organização dos atos específicos de pessoas individuais, uma vez que somente estes podem ser tratados como agentes em um curso de ação subjetivamente compreensível. Para efeitos sociológicos (...) não existe tal coisa como uma personalidade coletiva que age.

Isto posto, cabe agora uma visão panorâmica geral das teorias epistemológicas que embasam a busca da verdade a partir de uma perspectiva libertária.

2.2. As epistemologias libertárias

Podemos distinguir três tipos de correntes epistemológicas com alguma conexão com o pensamento libertário: (i) a teoria anarquista

---

([18]) Id, ibid.

([19]) WEBER, Max. The Theory of Social and Economic Organization. Glencoe: Free Press, 1957. Apud ROTHBARD, Murray. *Praxeology as the Method of Social Sciences*. Disponível em http://mises.org/rothbard/praxeology-method.pdf. Acesso em 30 ago. 2013.

de Paul Feyerabend; (ii) o falsificacionismo de Popper; e (iii) o individualismo metodológico de Max Weber, que pode ser trabalhado na (a) corrente individualista-radical praxeológica de Ludwig von Mises, com contribuições de Hans-Hermann Hoppe, e (b) no subjetivismo evolucionista de Friedrich Hayek.

2.2.1. O anarquismo teórico de Feyerabend

Paul Feyerabend foi um filósofo da ciência que peregrinou por vários países defendendo o que chamou de anarquismo epistemológico.

O autor austríaco argumenta que não há nenhuma vantagem em se ter um método científico pré-definido, e que a anarquia epistemológica, ou seja, a falta de um arcabouço teórico governante do método científico, seria a melhor maneira de se produzir ciência em virtude da sua popularização, aumento da base de sujeitos praticantes da ciência e pela situação fática de que a construção científica seria uma farsa, pois nenhum observador possuiria uma racionalidade tão avançada a ponto de conseguir observar a realidade como ela realmente é([20]).

Max Weber parece dar certa razão a Paul Feyerabend quanto a este último ponto, pois defende, segundo Ricardo Feijó([21]), que "a realidade é explicitamente reconhecida como sendo um conjunto caótico de eventos que jamais poderiam se apresentar organizadamente aos

---

([20]) FEYERABEND, Paul. *Contra o método.* Trad. Octanny S. da Mota e Leonidas Hegenberg. Rio de Janeiro: F. Alves, 1977.

([21]) FEIJÓ, Ricardo. *Economia e Filosofia na Escola Austríaca: Menger, Mises e Hayek.* São Paulo: Nobel, 2000. p. 19

olhos do observador", mas, ao contrário do colega cientista anarquista, advoga que é ainda possível analisar essa realidade caótica pelo uso de "tipos ideais"([22]).

Outra observação pertinente que deve ser feita é que anarquismo epistemológico não significa anomia epistemológica. Feyerabend não era contra os demais métodos, apenas argumentava não ver vantagem na sua utilização, o que não significa que determinados cientistas não pudessem lançar mão de outros mecanismos epistemológicos para a finalidade de produzir ciência([23]).

Essa também é a opinião de Anna Carolina Regner([24]) sobre o pensamento de Feyerabend:

> Na sua tradução metodológica, não significa, portanto, ser contra todo e qualquer procedimento metodológico, mas contra a instituição de um conjunto único, fixo, restrito de regras que se pretenda universalmente válido, para toda e qualquer situação – ou seja, contra algo que se pretenda erigir como o método, como a característica distintiva, demarcadora do que seja ciência.

No começo de sua Magnum Opus, Feyerabend([25]) argumenta que "a ciência é um empreendimento essencialmente anárquico: o anarquismo teorético é mais humanitário e mais suscetível de estimular

---

([22]) V. ponto 2.2.3 do presente trabalho.

([23]) FEYERABEND, Paul. *Op. Cit.* p. 66.

([24]) REGNER, Anna Carolina Krebs Pereira. *Feyerabend e o Pluralismo Metodológico.* In *Revista Epistéme: Filosofia e História das Ciências em Revista.* Porto Alegre, v. 1, n. 2, 1996. p. 61-78.

([25]) FEYERABEND, Paul. *Op. Cit.* p. 17.

o progresso do que suas alternativas representadas por ordem e lei". Para tal finalidade, defende a ideia de contra-indução. Segundo Massoni[26], a contra-indução pode ser resumida em dois pontos:

> 1 – para ampliar ao máximo o conteúdo empírico, o cientista precisa introduzir novas concepções, diferentes alternativas, comparar ideias novas e antigas. Observa que, em geral, o cientista tenta aperfeiçoar as ideias que vão sendo vencidas ao invés de afastá-las. O conhecimento produzido assim não é uma série de teorias coerentes que convergem para uma teoria ideal, mas sim um oceano de alternativas mutuamente incompatíveis.
>
> 2 – não existe nenhuma teoria que esteja em harmonia com todos os fatos conhecidos no seu campo de domínio, isso favorece a discrepância entre as hipóteses e as observações.

Na prática, é muito recorrente a adoção de hipóteses *ad hoc* particulares para tentar compensar a aparente falha de uma hipótese geral do crivo do verificacionismo típico da metodologia científica tradicional[27]. Tal expediente é muito criticado pelos cientistas mais puristas, sob o argumento de ser pseudociência, mas Feyerabend é um grande defensor da prática[28].

Outra grande crítica de Feyerabend se dá no que tange à "condição de coerência". "Condição de coerência" é a necessidade de o raciocínio do cientista ter um nexo causal entre a proposição defendida e os

---

(26) MASSONI, N. *Op. Cit.* p. 63.

(27) ZANOTTI, Gabriel. *Epistemologia da Economia.* Porto Alegre: EDIPUCRS, 1997. p. 20.

(28) *Id, Ibid.* p. 23.

efeitos pretendidos de uma hipótese. Segundo o autor, nas palavras de Massoni([29]), "a 'condição de coerência' leva a uma uniformidade de opinião (negando a necessária variedade de opiniões) que destrói o poder de imaginação e dá forças a um conformismo sombrio".

Tal posição parece se chocar com a tradição milenar do poder da lógica (*logos*) no discurso político ou científico como um dos três pilares da persuasão, juntamente com o *ethos* (características pessoais/morais do interlocutor) e o *pathos* (apelo emocional da mensagem)([30]).

A posição de Paul Feyerabend sobre a lógica será diametralmente oposta à defendida por Ludwig von Mises([31]) na sua praxeologia, ao argumentar que somente a lógica poderá criar um método científico infalível em busca do verdadeiro conhecimento.

2.2.2. O falsificacionismo de Karl Popper

Karl Popper foi um filósofo da ciência austríaco, posteriormente naturalizado britânico, que ficou conhecido por sua intransigente defesa de uma sociedade aberta, democrática e liberal. No campo da teoria do conhecimento, foi um severo crítico do método científico em geral, conhecido como verificacionismo, cujas linhas teóricas básicas já foram delineadas([32]).

([29]) MASSONI, N. *Op. Cit.* p. 63.

([30]) ARISTÓTELES. *Retórica.* Trad. Manuel Alexandre Júnior, Paulo Farmhouse Alberto e Abel do Nascimento Pena. Lisboa: Imprensa Nacional – Casa da Moeda, 2005.

([31]) V. ponto 2.2.3.1 do presente trabalho.

([32]) POPPER, Karl. *A Lógica da Pesquisa Científica.* Trad. Leonidas Hegenberg e Octanny Silveira da Mota. São Paulo: Cultrix, 2008.

A crítica, no entanto, não parece direcionada ao método positivista-empirista, mas sim à precariedade do resultado da aplicação do método indutivo([33]). Segundo o indutivismo, seria possível obtermos regras gerais a partir da verificação de resultados específicos, o que significa, na prática, a realização da observação antes da criação de uma teoria. Popper entende que essa tarefa é impossível, pois não se justifica inferir resultados universais a partir de resultados singulares([34]).

Portanto, seria sempre necessária a criação de uma teoria anterior antes de se buscar a comprovação de tal teoria, por ser uma questão lógico-cronológica.

Para Popper, a verificação não é um parâmetro válido, pois o que se supõe ser verificado em determinadas condições controladas, pode ser perfeitamente refutado posteriormente, já que o cientista nunca dispõe de total controle sobre o teste empírico. Novas situações fáticas não observadas anteriormente acabam por manchar a certeza da verificação([35]).

Popper então propõe a inversão da resolução do teste empírico. A experiência passa a não mais verificar a veracidade de determinada hipótese construída através do método indutivo, mas sim a sua não falsidade. Daí o seu método ser conhecido como falsificacionismo ou falsacionismo([36]).

Essa inversão, no entanto, não resolve o principal problema da verificação ou falsificação empírica: o controle no teste empírico.

([33]) Id, Ibid. p. 27.

([34]) MASSONI, Neusa Teresinha. *Op. Cit.* p. 10.

([35]) POPPER, Karl. *Op. Cit.* p. 40.

([36]) *Id, Ibid.* p. 41.

Assim como o cientista não conseguiria controlar todas as variáveis de uma experiência verificacionista, também não conseguiria em uma experiência falsificacionista. Uma hipótese, ao passar pela experiência controlada e ter sido declarada sua falsidade, não necessariamente seria realmente falsa, pois o controle do cientista poderia ser falho de tal monta a não se verificar a incidência de fatores externos a prejudicar a observação empírica da hipótese testada([37]).

Hans-Hermann Hoppe([38]) crítica a referida postura:

> Uma proposição referente à relação entre eventos econômicos jamais pode ser absolutamente validada de uma vez por todas. Ao invés disso, ela está eternamente sujeita ao resultado de possíveis experiências futuras. Estas experiências podem confirmar a hipótese. Mas isto não provaria que a hipótese é verdadeira, já que a proposição econômica teria usado termos gerais (na terminologia filosófica: universais) em sua descrição dos eventos relatados, e, portanto, se aplicaria a um número indefinido de casos ou exemplos, deste modo sempre deixando margem para que futuras experiências as refutem. Tudo que uma confirmação provaria é que ainda não foi revelado que a hipótese é falsa.
>
> Por outro lado, a experiência pode refutar a hipótese. Isto certamente provaria que alguma coisa estava errada com a hipótese da maneira que ela foi elaborada. Mas isto não provaria que as relações hipotetizadas entre os eventos descritos jamais poderiam ser encontradas. Isto apenas

---

([37]) HOPPE, Hans-Hermann. A Ciência Econômica e o Método Austríaco. São Paulo: Instituto Ludwig von Mises Brasil, 2010.

([38]) *Id. Ibid.* p. 44.

mostraria que levando em conta e controlando durante as observações apenas o que até então tenha sido realmente levado em conta e controlado, a relação ainda não foi revelada. No entanto, não pode ser descartado que ela poderia ser revelada tão logo alguma outra circunstância venha a ser controlada.

Isso significa que a famosa crítica de Popper(39) ao verificacionismo, que "o conceito positivista de significado ou sentido (ou de verificabilidade, confirmabilidade indutiva, etc.) não é apropriado para realizar a demarcação entre ciência e metafísica, simplesmente porque a metafísica não é necessariamente carente de sentido, embora não seja uma ciência", poderia ser perfeitamente aplicada também ao falsificacionismo, e o problema em si não se encontraria resolvido.

O que se poderia dizer em benefício de Popper, nesse caso, é a sua extrema humildade no que tange aos efeitos de sua teoria do conhecimento. Como explica Ubiratan Iorio(40):

> Muitas das controvérsias existentes no campo científico e, principalmente, no político, derivam das diferenças filosóficas básicas entre duas escolas gerais de pensamento. Como ressaltou Hayek, embora seja costumeiro referir-se a ambas como racionalismo, deve-se distinguir entre o racionalismo evolutivo (ou, na nomenclatura de Popper, racionalismo crítico) e o racionalismo construtivista (ou ingênuo, para Popper).

(39) POPPER, Karl. *Conjecturas e refutações*. Coimbra: Almedina, 2003. p. 3.

(40) IORIO, Ubiratan Jorge. *Economia e Liberdade*. São Paulo: Ed. Inconfidentes, 1995.

Popper é um grande crítico do racionalismo ingênuo ou construtivista, que seria a ideia de que a razão humana seria capaz de permitir ao homem reconstruir novamente a sociedade a partir de teorias pré-racionalizadas. Uma postura crítica e humilde, de aperfeiçoamento das instituições sociais a partir do método de tentativa e erro, seria o caminho mais rápido e seguro para uma evolução social progressiva e não violenta, de onde se resulta a defesa da mecânica social gradual(41). O autor entende, de acordo com Luiz Gustavo Serpa, que qualquer forma de intervenção social gerará resultados inesperados e não previstos, motivo pelo qual a mudança social deve ser leve e gradual em busca da paz social, inclusive no que tange ao aparato burocrático e político(42).

Repisa-se, por fim, que Popper não foi um defensor do individualismo metodológico, se utilizando de categorias holísticas em diversos momentos da sua carreira científica, o que é um traço fundamental de distinção entre a sua epistemologia e a epistemologia crítica de Hayek(43).

2.2.3. O individualismo metodológico de Max Weber

Max Weber (1864-1920) foi um grande baluarte da sociologia, que é ciência social que se utiliza de vários métodos investigativos para se extrair conhecimento acerca da atividade social humana.

---

(41) POPPER, Karl. A Sociedade Aberta e seus Inimigos. Trad. Milton Amado. São Paulo: Ed. USP, 1974.

(42) SERPA, Luiz Gustavo Martins. *A Sociedade Aberta e seus Amigos.* Tese de Doutorado. São Paulo: USP, 2007.

(43) V. ponto 2.2.3.2 do presente trabalho.

Uma das grandes contribuições epistemológicas deste autor no campo da sociologia foi confrontar o método científico positivista de Augusto Comte, posteriormente aprofundado por Durkheim, que Weber entendia como excessivamente afastado do sentido que o ator social dá a sua própria conduta([44]).

Complementando a explicação, o jurista e economista Friedrich Hayek comenta que seria uma falácia se tratar construções coletivas como sendo entes autônomos, e não meros sistemas, processos ou qualidades em comum de vários homens. Tal falha de percepção teria origem na insistência objetivista-behaviorista de se considerar os indivíduos a partir de seu exterior, como se fossem componentes de algo e não algo em si mesmos, e que uma abordagem mais correta seria estudar como as ações humanas são objetivamente determinadas. Nesse sentido, o laureado autor([45]) diz:

> Ela [a visão objetivista] trata os fenômenos sociais não como algo do qual a mente humana faz parte e não como algo cujos princípios organizacionais podemos construir a partir de partes conhecidas, mas sim como se eles fossem objetos diretamente percebidos por nós como conjuntos...
>
> Existe a ideia um tanto quanto vaga de quem uma vez que os "fenômenos sociais" devem ser objeto de estudo, o procedimento óbvio é começar a partir da observação direta destes "fenômenos sociais", em

---

([44]) ARON, Raymond. *As Etapas do Pensamento Sociológico*. Trad. Sergio Bath. São Paulo: Martins Fontes, 2000. p. 449.

([45]) Hayek, F. A. *Counter-Revolution of Science*. Londres: Free Press, 1955. p. 53-53.

que a utilização popular de termos como "sociedade" ou "economia" é ingenuamente considerada como evidência de que deve haver "objetos" definidos que correspondem a eles.

E complementa afirmando([46]):

> O que conseguimos entender diretamente dos complexos sociais são apenas as partes, pois o todo nunca é percebido diretamente; ele sempre é reconstruído por meio de um esforço de nossa imaginação.

Através do método epistemológico individualista conhecido como "verstehen", Max Weber buscou compreender a ação e as relações sociais com foco na sociedade moderna em que vivia, onde (i) a racionalidade era a característica cultural mais relevante, (ii) a burocracia era a forma de organização das relações públicas e (iii) o capitalismo era o sistema econômico predominante([47]).

O *Verstehen* é o caminho pelo qual o pesquisador social busca a verdade através da ação do indivíduo social (característica de individualismo metodológico), mas buscando entendê-lo através do ponto de vista do próprio autor da ação e não do observador. Levar-se-ia em conta, portanto, as características singulares do autor da ação, bem como a visão de mundo deste autor de ação, já que atores sociais não seriam meros produtos do seu meio, mas também pessoas que interpretam o que existe ao seu redor (cultura, história e sociedade) e dão a esse meio sua própria interpretação. Somente através desse

---

([46]) Id, Ibid. p. 214.

([47]) FEIJÓ, Ricardo. *Op. Cit.* p.18.

expediente o ator social seria tratado como sujeito, e não como objeto de pesquisa social([48]).

Segundo Ricardo Feijó([49]), a *Verstehen* seria:

> a ideia de que a interpretação de significados culturais pode ser obtida pela ampla vivência do observador, que pelo uso da introspecção alcança o entendimento desses significados. O conhecimento de alguns aspectos envolvidos nos fatos sociais pode, portanto, ser obtido pela introspecção, quando bem respaldada pela familiaridade do investigador com os elementos da análise. Isso permite que um conjunto de suposições que caracteriza e descreve o fenômeno social possa ser ancorado em elementos subjetivos do analista observador, dando a ele uma segurança quase factual.

Desde já se revela o grande obstáculo para aplicação de uma *Verstehen* ideal: para que se possa analisar o sujeito com características singulares, é necessário que se saiba quais são essas características, mas o observador pode não ter vivência suficiente para construir no sujeito analisado as características deste e, ainda que o observador seja experiente, a construção comportamental do sujeito observado e analisado pode simplesmente estar equivocada, visto que essa construção é feita por um observador humano sujeito a falhas cognitivas e racionais. Daí vem a ideia de "tipo ideal" construída por Max Weber.

([48]) Id, Ibid. p. 19.

([49]) Id, Ibid. p. 20.

Segundo Carolina Teles Lemos([50]), o tipo ideal de Weber seria:

> Uma tentativa de apreender os indivíduos históricos, suas ações e seus diversos elementos (...) que faz referência a certos significados culturais importantes. (...) O tipo ideal é, portanto, uma construção mental. Estrutura-se pela exageração ou acentuação de um ou mais traços, ou pontos de vista, observáveis na realidade. Raramente se encontram, se é que se encontram, na própria vida, fenômenos que correspondam com exatidão ao tipo mentalmente construído. (...) Seria, portanto, "um conceito limite puramente ideal, com o qual se mede a realidade a fim de esclarecer determinados elementos importantes de seu conteúdo empírico, com o qual se compara.

O próprio Max Weber admite que a construção de seu tipo ideal leva em consideração fatores empíricos analisados pelo próprio autor observador para fins de construção do seu tipo ideal que podem não corresponder com a realidade. Quanto maior a quantidade de elementos subjetivos introduzidos pelo observador na construção do seu tipo ideal, mais longe da realidade social ele estará e, portanto, maior a probabilidade de a análise social estar equivocada([51]), o que fará que o autor conjugue esforços para impedir essa falha metodológica.

Para Carolina Teles Lemos, um dos conceitos mais caros para Max Weber seria o de "ação social". A ação social seria um comportamento

---

([50]) LEMOS, Carolina Teles. *Para Compreender Max Weber.* 2. ed. Rio de Janeiro: Descubra, 2011. 39 p.

([51]) WEBER, Max. *Economy and Society.* Vol. I. Berkeley: University of California Press, 1978. p. 4-6.

humano compreensível em relação a objetos, isto é, um comportamento especificado ou caracterizado por um subjetivo "real" ou "mental", mesmo que ele quase não seja percebido, para um objetivo próprio definido pelo ator e não pelo observador([52]).

A partir desse critério, segundo Frank Elwell([53]), Weber distinguiria quatro tipos de ações sociais: (i) ação com propósito racional, onde tantos os fins buscados pela ação são racionais, como também são os meios escolhidos; (ii) ação com valor racional, onde os fins são racionais, mas não os meios empregados; (iii) ação afetiva, baseada no estado emocional do autor e não na racionalidade dos meios e fins empregados; e (iv) ação tradicional, baseada nos costumes, sem apego à emoção ou à racionalidade.

Na sociedade moderna a ação com propósito racional teria prevalecido sobre as demais formas de ação, caracterizando a sociedade moderna como a sociedade do racionalismo burocrático([54]).

Individualistas metodológicos (praxeologistas e weberianos) não defendem a inexistência de instituições sociais. Defendem, no entanto, que tais instituições são criações da ação humana, e, portanto, não podem ser estudados "per se", mas sim através da análise da ação humana (ou do conjunto delas) que as criaram([55]).

([52]) LEMOS, Carolina Teles. *Op. Cit.* 27-28 p.

([53]) ELWELL, Frank. *The Sociology of Max Weber.* Disponível em: <http://www.faculty.rsu.edu/~felwell/Theorists/Weber/Whome.htm>. Acesso em 16 fev. 2022.

([54]) Id, Ibid.

([55]) FEIJÓ, Ricardo. Op. Cit. 24 p.

Segundo Ricardo Feijó[56]:

> Austríacos (praxeologistas) e weberianos acreditam na existência de dois tipos de instituições:
>
> 1. As que são criadas deliberadamente pelos indivíduos que em suas mentes particulares concebem todos os elementos de um arcabouço institucional, tal como um jurista que prescreve um código de leis. São as chamadas "instituições designadas ou planejadas".
> 2. Instituições criadas espontaneamente como uma consequência não intencional da ação humana. Os indivíduos agem com vistas a propósitos específicos e o efeito combinado dessas ações é a emergência de instituições que não haviam sido pré-idealizadas na mente de ninguém. A linguagem é o exemplo mais citado. Denominamos de "instituições espontâneas ou orgânicas".

A burocracia seria uma instituição do tipo designada ou planejada, tendo como objetivo a maximização da eficiência econômica e social, ou seja, uma ação com propósito racional.

Weber, no entanto, não terá uma visão completamente romântica da burocracia. Frank Elwell[57] distingue, na obra de Weber, quatro disfunções provenientes da burocracia: (i) a inevitável criação de uma oligarquia que controlará a burocracia; (ii) o excesso de racionalidade na sociedade, destruindo outros pilares sociais relevantes; (iii) a desumanização da sociedade, com o descarte dos valores humanos

---

(56) Id, ibid.

(57) ELWELL, Frank. *Op. Cit.*

individuais; e (iv) o fortalecimento do fator da irracionalidade como resistência ao racionalismo excessivo prevalente.

Ainda assim, resta caracterizada a ideia weberiana de que instituições sociais do tipo designada ou planejada, típica da modernidade, seriam não somente inevitáveis como também essenciais para o convívio social, sendo esta uma marca de racionalidade, tendo claro fundamento na ideia de que é possível se construir um tipo ideal de instituição social, ainda que a partir da ação humana. Como se verá mais adiante, tanto Hayek quanto Popper são grandes críticos de instituições planejadas ou designadas.

Essa visão sociológica construída a partir do individualismo metodológico weberiano não é, contudo, única, e uma nova visão individual crítica pode emergir a partir dessa base: a praxeologia.

2.2.3.1. A praxeologia de Ludwig von Mises

Ludwig von Mises (1881-1973) foi um economista e filósofo austríaco e ícone da escola de pensamento que ficou conhecida como Escola Austríaca de Economia.

No campo da filosofia, sua grande contribuição foi a tentativa de criar o paradigma de um novo campo de ciência social, a praxeologia, que seria o estudo dos fatores que leva as pessoas a atingirem seus propósitos, sendo, portanto, uma tentativa de teoria geral da ação humana.

Segundo Mises, toda ação humana é propositada, ou seja, ela possui uma finalidade, e essa finalidade é sempre a saída de um estado de menor satisfação para um estado de maior satisfação. A causa da satisfação é irrelevante, estando nos campos da moral, da religião e da psicologia, e o que importa é que o homem sempre está em busca de um estado de maior satisfação, em qualquer época histórica([58]).

Sobre o tema, Mises([59]) expôs:

> Ação humana é comportamento propositado. Também podemos dizer: ação é a vontade posta em funcionamento, transformada em força motriz; é procurar alcançar fins e objetivos; é a significativa resposta do ego aos estímulos e às condições do seu meio ambiente; é o ajustamento consciente ao estado do universo que lhe determina a vida.
>
> (...)
>
> O campo da nossa ciência é a ação humana e não os eventos psicológicos que resultam numa ação. É isto, precisamente, que distingue a teoria geral da ação humana, praxeologia, da psicologia. O objeto da psicologia são os fatores internos que resultam ou podem resultar numa determinada ação. O tema da praxeologia é a ação como tal.
>
> (...)
>
> Ação não é simplesmente uma manifestação de preferência. O homem também manifesta preferência em situações nas quais eventos e coisas são inevitáveis ou se acredita que o sejam. (...) o agente homem escolhe, determina e tenta alcançar um fim. Entre duas coisas, não podendo ter ambas, seleciona uma e desiste da outra. Ação, portanto, sempre implica tanto obter como renunciar.

([58]) VON MISES, Ludwig. *Ação Humana.* São Paulo: Instituto Ludwig von Mises Brasil, 2010.

([59]) Id, ibid. p. 35-36.

De acordo com Mises, seriam pré-requisitos da ação humana: (i) o desconforto humano, (ii) a perspectiva de um estado de menos desconforto e (iii) a expectativa de que por um determinado comportamento o desconforto será minorado([60]).

Mas a praxeologia não é apenas conteúdo científico, é também método científico. De acordo com a praxeologia, é impossível se aplicar às ciências sociais o método empírico das ciências naturais. Isto porque o ser humano racional, nas condições *ceteris paribus*, pode agir de diversas maneiras distintas, sendo impossível se retirar uma lei universal a partir do comportamento humano. Esse fato faz com que um cientista social não possa testar uma tese em uma experiência controlável. Isto posto, a solução misesiana se dá na dedução de implicações extraídas de axiomas inquebráveis. Se o axioma é correto, sua implicação lógica também seria correta, fazendo da praxeologia uma ciência apriorística, no dizer kantiano.([61])

E quais são esses axiomas que um cientista social pode considerar como inquebravelmente corretos?

Murray Rothbard traça o axioma fundamental da sociologia na visão misesiana: o homem age. A partir dessa premissa, toda a ciência praxeológica poderia ser racionalmente deduzida, e a negação desses axiomas e implicações levam a uma inescapável contradição. Em um exemplo, o ato de negar que um homem age é um ato em si, logo, negar essa afirmação faz o indivíduo em questão cair em contradição([62]).

([60]) Id, Ibid. p. 37.

([61]) Id, ibid.

([62]) ROTHBARD, Murray. *Praxeology as the Method of the Social Sciences.* Disponível em <http://mises.org/rothbard/praxeologymethod.pdf>. Acesso em 28 out. 2012.

Várias conclusões poderiam ser então deduzidas, tais como: o homem racional age buscando determinado fim; que tal fim busca a mudança de um estado de menor satisfação para um estado de maior satisfação; que esses fins refletem valores do próprio agente; que apenas homens podem agir racionalmente, e nunca instituições; que instituições funcionam como instrumento da ação de um ou mais homens buscando fins comuns desses homens; e assim sucessivamente([63]).

Em excelente monografia, Hans-Hermann Hoppe faz uma defesa filosófica robusta desse método epistemológico([64]):

> As proposições são analíticas sempre que os meios da lógica formal são suficientes para descobrir se elas são verdadeiras ou não; caso contrário, as proposições são sintéticas. E as proposições são a posteriori sempre que observações são necessárias para estabelecer se são verdadeiras, ou ao menos para validá-las. Se observações não são necessárias, então as proposições são a priori.
>
> (...)
>
> As proposições sintéticas a priori são aquelas cujo valor veritativo pode ser definitivamente estabelecido, mesmo que para isso os meios da lógica formal não sejam suficientes (embora, logicamente, não deixem de ser necessários) e as observações sejam desnecessárias. (...) como a verdade destas proposições é obtida, se a lógica formal não é suficiente e

---

([63]) Id, ibid.

([64]) HOPPE, Hans-Hermann. *A Ciência Econômica e o Método Austríaco.* São Paulo: Instituto Ludwig von Mises Brasil, 2010. p. 17-19.

observações são desnecessárias? Kant responde que a verdade é deduzida a partir de axiomas materiais autoevidentes.

(...)

As experiências derivadas de observações só podem revelar coisas da maneira que elas são; não há nada nelas que indique porque as coisas devem ser da maneira que são. No entanto, em contrapartida, diz Kant, nossa razão pode entender que estas coisas são necessariamente do jeito que são, aquilo que produz segundo os seus próprios planos.

(...)

É verdade, como Kant diz, que proposições sintéticas a priori verdadeiras são baseadas em axiomas autoevidentes e que estes axiomas devem ser compreendidos através da reflexão sobre nós mesmos ao invés de serem "observáveis" em qualquer sentido. Todavia, devemos ir mais além. Temos que reconhecer que estas verdades necessárias não são simplesmente categorias de nossa mente, mas também levar em conta o fato de que nossa mente está incorporada em pessoas que agem Deve-se compreender que nossas categorias mentais são baseadas fundamentalmente nas categorias de ação. E tão logo se reconheça isso, imediatamente todas as sugestões idealísticas desaparecem. Em seu lugar, uma epistemologia que reivindica a existência de proposições sintéticas a priori verdadeiras se torna uma epistemologia realística. Desde que ela seja entendida como baseada fundamentalmente nas categorias de ação, está superado o abismo entre o mundo mental e o mundo físico, externo, real. Como categorias de ação, elas devem ser coisas mentais tanto quanto elas são características da realidade. Pois é através de ações que a mente e a realidade entram em contato. (...) é Mises quem traz à tona este insight: A causalidade, ele reconhece, é uma categoria de ação. Agir significa interferir em algum momento anterior a fim de produzir algum resultado posterior, e, portanto, todo agente deve pressupor a existência de causas constantemente eficientes. Como diz Mises, a causalidade é um pré-requisito para se agir.

A praxeologia seria, portanto, uma ciência e uma epistemologia baseados no individualismo metodológico e na pressuposição do axioma de que é o homem que age, sendo considerado, portanto, um método radicalmente individualista.

Isto posto, pode-se agora delinear claramente as distinções entre o misesianismo e o weberianismo em defesa de um individualismo metodológico extremo.

Ricardo Feijó arrola os seguintes elementos em comum entre Weber e a Escola Praxeológica de Mises: (i) a adesão ao "individualismo metodológico" e à ideia de uma ciência da ação humana; (ii) o uso do método *Verstehen*; e (iii) a teoria das instituições([65]).

A praxeologia também utilizaria o *Verstehen*, ou seja, a verdade através da ação do indivíduo social através do ponto de vista do próprio autor da ação e das suas características singulares([66]).

Mises leva em consideração, contudo, o problema já citado que o observador pode ser inapto ou inexperiente para reunir as características do sujeito autor da ação, e que mesmo apto e experiente, ainda assim o observador poderia errar. Diante disso, Mises irá descartar o uso desse tipo ideal([67]).

([65]) FEIJÓ, R. *Op. Cit.* p. 21.

([66]) Id, Ibid. p. 21.

([67]) Id, Ibid. p. 21.

Segundo Ricardo Feijó([68]):

> O fato de o tipo ideal ser uma imposição analítica à realidade parece enfraquecer a objetividade da teoria social weberiana. Mas Weber nunca abandonou a ideia de uma teoria social, não apenas objetiva, mas também isenta de valores. Como ele concilia esses aspectos é uma questão algo complicada que não pretendemos explorar. Os austríacos (praxeologistas) nunca aderiram ao preceito metodológico de se usar os tipos ideais weberianos.
>
> (...)
>
> A ação humana nos austríacos é a ação abstratamente concebida, enquanto Weber parece perseguir em seus estudos a compreensão da ação de um tipo humano previamente definido.

Mises, portanto, trabalhará não com um tipo ideal de ser humano, construído e singularizado a uma determinada época histórica, e que na verdade carece de uma referência específica à ação humana, mas sim com o tipo racional real humano, presente em toda e qualquer época histórica, que reage sempre no sentido da busca de um estado de menor satisfação para o de maior satisfação, ainda que empregue meios errôneos para isso em virtude da incerteza genuína da economia. O rigoroso compromisso científico e epistemológico da praxeologia levaria, portanto, à pesquisa de um homem real em relação com outros homens e instituições (essas, frutos de outras ações humanas) também reais.([69])

([68]) Id, Ibid. p. 21.

([69]) IORIO, Ubiratan Jorge. *Ação, Tempo e Conhecimento: A Escola Austríaca de Economia.* São Paulo: Instituto Ludwig von Mises Brasil, 2011. p. 70.

Max Weber, assim como Mises, analisando o fenômeno burocrático, chegou à conclusão de que a burocracia sempre existiu, mas foi no Estado moderno que a burocracia atingiu o seu auge, com uma série de mecanismos racionais. E Max Weber defende essa burocracia como essencial para o convívio humano, inclusive misturando-o com o capitalismo, fazendo da burocracia e do capitalismo instituições interdependentes.(70)

Mises, por outro lado, terá uma imensa prevenção contra a burocracia, ainda que admita sua perene existência. Em obra específica, defenderá abertamente a redução maciça do aparato burocrático, sob o argumento de que o sistema burocrático, ao contrário do que argumenta Weber, gera irracionalidade no sistema social(71).

Rodrigo Constantino(72) sintetiza o pensamento misesiano sobre burocracia:

> Existem duas formas de se administrar um negócio: movido pelo lucro ou por determinadas regras selecionadas previamente. O lucro é justamente o mecanismo de informação que possibilita o cálculo racional nas tomadas de decisões sobre o uso dos fatores de produção escassos. O lucro irá informar que determinado bem é mais demandado pelo público consumidor, assim como o prejuízo informa que determinado produto não é muito desejado. Sem o lucro e a livre formação de preços pelo mercado, o cálculo é inviável.

---

(70) WEBER, Max. *Op. Cit.* p. 51-55.

(71) VON MISES, Ludwig. *Bureaucracy.* New Haven: Yale University Press, 1944.

(72) CONSTANTINO, Rodrigo. *Economia do Indivíduo: o legado da Escola Austríaca.* São Paulo: Instituto Ludwig von Mises Brasil, 2009. p. 37.

> Praticamente ninguém defenderia o uso do sistema racional de preços e busca pelo lucro para administrar um departamento de polícia. Entende-se que são outras as prioridades desta função, ainda que seu custo possa ser medido através do orçamento necessário para sua manutenção. (...) Por este motivo, os departamentos de polícia são um exemplo claro de um caso em que o modelo de gestão tem que ser burocrático. Ou seja, uma série de normas previamente definidas precisa valer e os subalternos devem segui-las, respeitando a hierarquia e obedecendo às regras.

Para Mises, em virtude de a burocracia impedir o cálculo de preços através do mercado, o que retiraria a possibilidade do indivíduo sobre escolher livremente sobre os meios a serem empregados para se chegar a determinados fins próprios, é que somente em raríssimos casos ela deveria ser aplicada, notadamente em serviços de segurança e justiça(73). A burocratização de fins privados, transformando-os em fins públicos, acaba com a autonomia e a liberdade do indivíduo, limitando a ação propositada racional do mesmo e levando a uma burocratização da mente do governado(74).

Ainda segundo Mises(75), os aspectos negativos da burocracia não ocorrem em virtude de malversação de recursos ou corrupção, mas sim porque a burocracia causa um incentivo natural para o desperdício de recursos e perda da autonomia do indivíduo. A burocracia retira o incentivo natural do gestor do bem em ser comedido no seu

(73) Id, Ibid. p. 38.
(74) VON MISES, Ludwig. *Op Cit.* p. 81.
(75) Id, Ibid. p. 77.

uso, já que não é o gestor que paga pelo bem ou serviço. Em ciência econômica esse fenômeno é chamado de "tragédia dos comuns".

Em suma, a epistemologia de Mises gera um individualismo metodológico muito mais agressivo, e por que não dizer, mais completo e menos contraditório em relação ao *Verstehen* de Weber. Mas esse não é a única vertente do individualismo metodológico, sendo necessário trazer a visão do evolucionismo subjetivista de Friedrich Hayek.

2.2.3.2. O evolucionismo subjetivista de Friedrich Hayek

Friedrich August von Hayek foi um economista, filósofo, teórico legal e cientista político, vencedor do Prêmio Nobel de Economia de 1973. Suas contribuições para diversos campos do saber científico demonstram sua genialidade em uma época que o mundo moderno, caracterizado pela divisão e especialização do trabalho, desestimulava tal feito.

Hayek entendia ser essencial que um economista tivesse visão geral das ciências sociais. Segundo o mestre austríaco, "alguém que seja apenas um economista jamais poderá ser um bom economista, eis que é preciso saber muitas coisas mais, a fim de formar qualquer opinião a respeito de problemas práticos"(76).

Segundo Feijó, Hayek reteve a ideia de que o conhecimento não é o contato direto com a realidade externa, mas é tão-somente a

(76) HAYEK, Friedrich. A. *Hayek na UnB: conferências, comentários e debates de um simpósio internacional realizado de 11 a 12 de maio de 1981*. Brasília: Editora Universidade de Brasília, 1981. p. 2.

análise das sensações provocadas por estímulos externos. As sensações são atributos de nós mesmos e não da realidade objetiva, e as teorias científicas apenas se limitam a fornecer uma boa descrição dos fenômenos.(77).

No campo da teoria do conhecimento, ainda segundo Feijó(78), Hayek irá dissentir de Mises em três pontos básicos:

1. Hayek não aceita a separação completa entre mundo subjetivo e objetivo e procura investigar a relação entre eles.

2. Ele não considera que a teoria científica seja apenas a reprodução das condições em que atuam os agentes, mas que ela está em um plano epistemológico diferenciado.

3. A teoria da ação humana não pode ser construída, assentada, somente na lógica e em conceitos a priori. Há também elementos empíricos que devem ser considerados no corpo da teoria e não apenas na avaliação de sua adequação a contextos concretos.

Quanto ao primeiro ponto, Hayek acaba por enveredar um pouco nas teorias deterministas do comportamento sem, no entanto, se entregar a ele. Ao contrário de Mises, que enxerga do homem um agente de transformação da natureza externo a ele, Hayek argumentará que há uma relação fundamental entre o agente homem e a

(77) FEIJÓ, Ricardo. *Op. Cit.* p. 125.

(78) Id, Ibid. p. 131.

natureza, de forma que, embora o conhecimento deva ser visto a partir de uma perspectiva individual, não se pode ignorar a influência que outros indivíduos e até mesmo a natureza exerce sobre o indivíduo agente(79).

Há uma cisão, neste ponto, entre Hayek e Mises, visto que este último entendia ser desnecessário entender os motivos pelos quais o homem racional age. E ao mesmo tempo em que Hayek passa a flertar mais com o tipo ideal de Weber construído a partir do homem no seu meio, continua a se distanciar de maneira evidente nos demais pontos supracitados(80).

No segundo ponto, Hayek(81) declara ser impossível ao cientista social analisar o comportamento do agente social, pois só o agente é capaz de conhecer as condições particulares do ambiente em que ele faz suas escolhas, e a teoria do conhecimento social não conseguiria ter acesso ao conhecimento subjetivo individual.

Quanto ao terceiro ponto, Hayek enfatiza o papel da interação dos homens no processo social. Ele chamará esse processo de livre interação entre os homens de "mercado", seguindo a tradição do sociólogo Franz Oppenheimer, que em brilhante obra, argumenta que só existem dois meios de interação social e, por consequência, de alocação de bens e serviços: (i) o que se fundamenta no poder do indivíduo de maneira voluntária, a que ele chama de "mercado"; (ii) o que se fundamenta na violenta através do processo político, a

---

(79) Id, Ibid. p. 132.

(80) Id, Ibid. p. 132.

(81) HAYEK, Friedrich. *O Uso do Conhecimento na Sociedade*. Trad. Phillipe Tavares. In *MISES: Revista Interdisciplinar de Filosofia, Direito e Economia. Vol. I, N. 1: Jan.-Jun. 2013*. São Paulo, Instituto Mises Brasil, 2013.

que se chamaria "burocracia", podendo essa burocracia ter verniz de legitimidade ("Estado") ou não ("máfia")([82]).

Partindo do pressuposto que os agentes não têm pleno conhecimento das condições do ambiente, será a livre interação do sujeito com outros sujeitos e com o próprio ambiente através do mercado que serão gerados os estímulos que serão analisados pelo cientista social. Como essa interação é progressiva e contínua, revela uma evolução gradual e sustentada do conhecimento do agente e do cientista social. Daí o método ser chamado de evolucionismo subjetivista.

Por fim, Hayek explica que a burocracia é uma instituição do tipo designada ou planejada, e instituições do tipo designada, por serem feitos por homens específicos para fins buscados por esses homens, deveriam servir prioritariamente para a busca de fins privados, ou seja, deveriam existir no mercado, ao passo que instituições espontâneas que não são criadas para fins específicos, mas sim em virtude do convívio social, deveriam ser as mais indicadas para regular o convívio social, o que não é o caso da burocracia([83]).

([82]) OPPENHEIMER, Franz. *The State: Its history and development viewed sociologically.* Trad. John Glitterman. New York: Vanguard Press, 1926.

([83]) HAYEK, Friedrich. *Direito, Legislação e Liberdade: uma nova formulação dos princípios liberais de direito e justiça.* Trad. Henry Maksoud. São Paulo: Visão, 1985. Vol. 1.

3.
A ÉTICA LIBERTÁRIA

O libertarianismo, como qualquer filosofia política, está calcado sobre determinados fundamentos éticos. Por se tratar de uma filosofia que remete há alguns séculos, os seus variados representantes teóricos buscaram, cada um a sua maneira, estabelecer bases éticas que servissem de justificação para sua análise sobre o indivíduo, as relações sociais e o Estado.

De forma geral, a teoria filosófica libertária se encontra alicerçada eticamente sobre quatro diferentes correntes: a deontológica, a lógico-argumentativa, a utilitarista e a pluralista. Cada uma delas, apesar de apresentarem argumentos e justificativas distintos como fundamento de suas análises, desembocam na mesma conclusão: a preferência pela maximização da liberdade individual frente à alternativa coercitiva, independente desta ser iniciada por outro indivíduo, pela maioria de um grupo social ou pelo próprio ente estatal.([84])

([84]) ROTHBARD, Murray N. *Por uma Nova Liberdade: O Manifesto Libertário.* Tradução de Rafael de Sales Azevedo. São Paulo: Instituto Ludwig von Mises Brasil, 2013. p. 37-38.

3.1. Visão deontológica

Deontologia é uma palavra de origem grega cujo significado etimológico equivale a "o que fazer".([85]) Em vista disso, a ética deontológica é aquela que corresponde ao dever-agir de um indivíduo perante determinada situação. Em outros termos, uma ação é considera boa ou má caso nela esteja embutida os princípios que vinculam a obrigação moral dos indivíduos em adotá-las.

Conforme leciona Demetrio Neri:

> A ideia central desse tipo de ética é que existem ações intrinsecamente certas ou erradas, ou, melhor, características ou propriedades que tornam certas ou erradas as ações nas quais ocorram, independentemente da consideração de qualquer outro fator, como as intenções ou as consequências. [...] Para as éticas deontológicas, o juízo moral trata, portanto, da ação efetivamente realizada, e ela é julgada com base na sua conformidade ou não com a norma pertinente.([86])

A vantagem mais visível de uma ética deontológica é que essa distingue de imediato quais ações são moralmente corretas e quais são condenáveis. Sendo as regras de conduta claras e simples, como, por exemplo, os mandamentos bíblicos "não matarás" e "não furtarás"([87]),

---

([85]) ARANHA, Maria Lucia de Arruda; MARTINS, Maria Helena Pires. *Filosofando: Introdução à Filosofia.* 2 ed. São Paulo: Moderna, 1993. p. 102.

([86]) NERI, Demetrio. *Filosofia Moral: Manual Introdutivo.* Tradução de Orlando Soares Moreira. São Paulo: Loyola, 2004. p. 52-53.

([87]) BÍBLIA Thompson: Antigo e Novo Testamento. São Paulo: Editora Vida, 2002. p. 68.

uma ética baseada na deontologia será provavelmente mais respeitada pela maioria dos membros de uma comunidade e facilmente transmitida para as próximas gerações.([88])

Há divergências na deontologia envolvendo o quanto os princípios norteadores da ética devem servir de bússola para determinar se certo ato é aceitável ou não. Em geral, essas divergências emergem nos dilemas práticos que os indivíduos sofrem em suas vidas. Para alguns teóricos, esses "dilemas" simplesmente não existem, porque toda situação demanda uma ação correspondente que por sua vez está amparada em valores éticos absolutos. Desta forma, as consequências reais destas ações são irrelevantes diante da obrigatoriedade de obedecer à prescrição ética. Porém, outros teóricos defendem que apesar da existência à primeira vista de uma ética que demanda um dever-agir, sua aplicação prática nem sempre será evidente aos indivíduos, dependendo assim que as circunstâncias reais lhes indiquem qual ação ética é a mais adequada àquela situação.([89])

Independente de qual abordagem é a mais correta, a ética deontológica em si jamais se utilizará do parâmetro da ética teleológica, ou seja, aquela em que as consequências de um ato determinam se este é eticamente aceitável ou condenável. De fato, para os deontologistas, o dever-ser não é violado pelo agente quando os efeitos intencionais de sua ação são bons, independente se as consequências indiretas do ato, ainda que previsíveis, também o sejam.([90])

([88]) NERI, Demetrio. *Op. Cit.*. São Paulo: Loyola, 2004. p. 53.

([89]) NERI, Demetrio. *Op. Cit.*. São Paulo: Loyola, 2004. p. 54-55.

([90]) NERI, Demetrio. *Op. Cit.*. São Paulo: Loyola, 2004. p. 53.

Uma das noções fundamentais embutidas na ética deontológica é a de respeito ao próximo como indivíduo. Ao estabelecer que, por sua natureza, certos atos são eticamente aceitáveis ou condenáveis, a deontologia também assume que os outros não são meios para a consecução de determinados fins, e que por isso devem ser respeitados. Ser respeitado, portanto, consiste em restringir os atos que certos indivíduos podem praticar uns contra os outros sem que a ética seja violada.(91)

A ideia de indivíduo como parte essencial da ética se faz presente como ponto de partida da análise filosófica libertária em todas as suas vertentes. No campo da ética deontológica, três teóricos de destacam nesse tipo de análise: o economista Murray N. Rothbard e os filósofos Ayn Rand e Robert Nozick.

3.1.1. Rothbard e a ética da liberdade

Murray N. Rothbard (1926-1995) foi um intelectual americano que escreveu obras nas mais diversas áreas, como economia, filosofia política, direito e história. Sua principal contribuição à ética libertária encontra-se em sua obra "A Ética da Liberdade". Neste livro, Rothbard apresenta e desenvolve os pilares éticos que servem de sustentáculo as suas ideias filosóficas, políticas e econômicas.(92)

---

(91) LYNCH, Alberto Benegas. *El Liberalismo como Respeto al Próximo.* Disponível em: <http://independent.typepad.com/elindependent/2007/03/el_liberalismo_.html>. Acesso em: 16 fev. 2022.

(92) GORDON, David. *Murray N. Rothbard.* Disponível em: <http://www.mises.org.br/Article.aspx?id=37>. Acesso em: 16 fev. 2022.

A ética desenvolvida por Rothbard remete a noção de lei natural alicerçada sobre as ideias de Aristóteles e Tomás de Aquino, mas principalmente sobre a de direitos naturais fundamentados racionalmente, corrente esta iniciada pelos filósofos Locke e Kant.([93]) O objetivo da retomada dessas concepções por Rothbard é apresentar os fundamentos éticos que justificassem a liberdade individual.([94])

A teoria da lei natural nasce na Grécia Antiga, através das construções teóricas de Platão e Aristóteles. Na "Política", Aristóteles argumenta que a natureza é formada de maneira que tudo tende a uma finalidade, e a busca por essa finalidade confere perfeição à coisa natural. O homem deveria então se orientar de acordo com a sua natureza, que existe no cosmos metafísico, para atingir a perfeição([95]). Para ele, a finalidade do homem, ao contrário dos demais seres e por ser o único dotado de razão, é a constante perseguição pela felicidade([96]).

Por sua vez, a escola jusnaturalista racional tem como fundamento central o indivíduo, do qual decorre o argumento de que o ser humano, em face de sua natureza especial, possui direitos que lhe são inerentes; os intitulados direitos naturais. Estes direitos, afirmam os jusnaturalistas, podem ser "descobertos" racionalmente por meio de uma análise da essência humana, de onde seriam extraídas as normas

---

([93]) ROTHBARD, Murray N. *A Ética da Liberdade.* Tradução de Fernando Fiori Chiocca. São Paulo: Instituto Ludwig von Mises Brasil, 2010. p. 57-70.

([94]) Id, Ibid. p. 75-79.

([95]) ARISTÓTELES. *Política.* Obras. Madeira: 2º Ed. Aguilar, 1973. Verbete 1252.

([96]) MARÍAS, Julían. *História da Filosofia.* Trad. Claudia Berliner. São Paulo: Martins Fontes, 2004. p. 89.

necessárias para a preservação do homem e da sociedade. Esta é a base da teoria do direito natural racional.(97)

Baseando-se nessas ideias, Rothbard imagina ser possível deduzir uma série de normas gerais a partir da natureza humana do ser humano. Segundo ele, existem certos princípios que todas as formas de organização social deveriam observar se buscam diminuir os conflitos, manter a ordem e progredir. Em especial, para Rothbard, o direito básico de todo ser humano é o da autopropriedade: cada indivíduo tem o direito sobre seu próprio corpo e de estabelecer relações com os meios externos (apropriar-se), o que implica dizer que possui o dever de respeitar os direitos sobre os corpos e as propriedades dos outros (Princípio da Não Agressão).(98)

> O credo libertário está baseado num axioma central: o de que nenhum homem ou grupo de homens pode cometer uma agressão contra a pessoa ou a propriedade de qualquer outro. Ele pode ser chamado de "axioma da não-agressão". "Agressão" é definida como o uso ou ameaça de violência física contra a pessoa ou propriedade de qualquer outro indivíduo. Agressão, portanto, é um sinônimo de invasão.(99)

---

(97) TROPER, Michel. *A Filosofia do Direito*. Trad. Ana Deiró. São Paulo: Martins, 2008. p. 22.

(98) MAZZILLI, Marcello. *Estado? Não, Obrigado! – O Manual Libertário, ou o ABC do Antiestatismo*. Trad. Roberto Fiori Chiocca. São Paulo: Instituto Ludwig von Mises Brasil, 2010. p. 25-26.

(99) ROTHBARD, Murray N. *Por Uma Nova Liberdade: O Manifesto Libertário*. Trad. Rafael de Sales Azevedo. São Paulo: Instituto Ludwig von Mises Brasil, 2013. p. 37.

A ética da liberdade é aquele conjunto de normas que permitem ao homem desenvolver-se como tal no mundo em que vive, ou seja, num contexto de relações interpessoais e de bens escassos. Este conjunto de normas é necessário para evitar os conflitos violentos, e os conflitos só podem surgir no seio da sociedade como consequência do uso de bens escassos, que são meios de uso excludente. Rothbard fundamenta essa noção utilizando como exemplo a história de Robinson Crusoé, que habita sozinho uma ilha, não existindo nesse cenário a possibilidade de conflito, tornando desnecessárias normas para evitar e solucionar conflitos.([100])

Em sua obra "A Ética da Liberdade", Rothbard adota os termos "direitos naturais" ou "lei natural ética" porque compreende que as normas éticas para o homem devem se ajustar à sua natureza, à sua forma de ser, e ao mesmo tempo à natureza do mundo em que vive. Do contrário, estaremos prescrevendo normas alheias à realidade (a realidade do homem e seu ambiente) e estas não cumpririam com sua função.([101])

Dado que Rothbard assume ser a ética extraída da natureza humana, restou necessário determinar como essa natureza pode ser conhecida. A sua resposta foi por meio da razão. Todos os indivíduos podem fazer uso da razão e da reflexão para descobrir qual é o atributo que define a sua natureza. A conclusão a que todos chegarão, segundo ele, é que o que distingue o homem dos demais seres é sua capacidade de pensar, escolher, agir; e de empregar de forma deliberada certos

---

([100]) ROTHBARD, Murray N. *A Ética da Liberdade*. Trad. Fernando Fiori Chiocca. São Paulo: Instituto Ludwig von Mises Brasil, 2010. p. 85-109.

([101]) Id, Ibid. p. 102-103.

meios para atingir certos fins([102]). Essa conclusão de Rothbard está em consonância com o ensinamento de Mises, segundo a qual o homem tem uma natureza atuante([103]).

O homem age a cada instante da sua vida. E o faz em um mundo de relações interpessoais (em sociedade) e de recursos escassos de uso excludente, que não pode ser utilizado em múltiplos meios e lugares ao mesmo tempo. Deste modo, uma ética condizente com a natureza humana será aquela que permita ao homem atuar em sociedade, alcançar seus fins através do uso de bens escassos. Em outras palavras, a função das normas éticas ou dos direitos naturais é a de evitar o conflito em sociedade no que tange ao uso de bens escassos para a consecução de certos fins.([104])

Os bens escassos são aqueles cujo uso é de caráter excludente: o fato de que alguém destine um bem escasso para satisfazer um fim particular impede que um terceiro possa empregá-lo para satisfazer outra finalidade. O corpo físico de cada pessoa é rigorosamente o primeiro dos bens escassos, pois sem dúvida constitui em si mesmo um meio de uso excludente para alcançar certos fins.([105])

Os bens tangíveis que os indivíduos inserem ao seu plano de ação constituem também bens escassos que podem ser objeto de conflito. A escassez não deve ser compreendida como carência ou quantidade

---

([102]) Id, Ibid. p. 103.

([103]) VON MISES, Ludwig. *Ação Humana*. Trad. Donald Stewart Jr. São Paulo: Instituto Ludwig von Mises Brasil, 2010. p. 35-37.

([104]) HOPPE, Hans-Hermann. *Uma Teoria do Socialismo e do Capitalismo*. Trad. Bruno Garschagen. São Paulo: Instituto Ludwig von Mises Brasil, 2013. p. 21-27.

([105]) Id, ibid. p. 22.

insuficiente de algo, mas no sentido de que um bem seja de uso excludente. Por exemplo, uma maçã é um bem escasso porque se alguém a ingerir nenhum outro indivíduo poderá lhe dar uso. Assim sendo, pode haver conflito sobre seu uso por parte de vários indivíduos. A pergunta relevante neste caso é descobrir quem tem direito a decidir o uso que deve se dar à maçã.

A resposta de Rothbard para a indagação é o direito de propriedade. Este tem por função estipular quem tem direito a controlar determinado bem escasso, seja o corpo ou meios externos, evitando assim os conflitos sobre o uso e permitindo que cada indivíduo busque seus fins sem sofrer agressões de terceiros. O direito de propriedade sobre um recurso concreto, observando que o objetivo das normas éticas é solucionar efetivamente o conflito e promover o progresso, deve corresponder àquela pessoa que tenha uma melhor reclamação sobre o mesmo, aquela cuja pretensão seja mais objetiva e racional. Para Rothbard, o melhor argumento é o princípio do *homestead*, descrito primariamente pelo filósofo John Locke, segundo o qual o proprietário de um bem será o primeiro a mesclar seu trabalho a este, ou seja, o primeiro a possui-lo e usufruí-lo.[106]

Esse é o fundamento objetivo (reconhecido intersubjetivamente) da propriedade privada, entendida como o direito a controlar determinado bem ou recurso. O indivíduo ostenta assim o direito a decidir tudo que respeita a sua propriedade, a dar-lhe o uso que considerar melhor de acordo com seus fins particulares, sem nenhuma interferência pela parte de terceiros e tendo como única limitação não invadir ou agredir a propriedade alheia.

---

(106) MAZZILLI, Marcello. *Op. Cit.* p. 25-26.

Portanto, nota-se que para Rothbard existe uma ética objetiva, que pode ser conhecida pela razão e emana da própria natureza humana. A sua ética da liberdade defende que os indivíduos possuem direito sobre seus corpos e seus bens sem sofrerem agressões por parte de terceiros. Neste sentido, o emprego da força só é legítimo como reação a uma agressão prévia, ou seja, para defender-se de uma agressão ou exigir uma reparação/punição por uma agressão já cometida. Em outras palavras, o libertarianismo rothbardiano considera injusto todo tipo de iniciação de agressão e aprova o uso da força apenas em legítima defesa.([107])

A liberdade, analisada pela ótica dessa ética, equivale à ausência de coações externas por parte de outras pessoas. Um indivíduo é livre, não quando pode obter o que quiser quando decidir a qualquer momento, mas quando pode utilizar-se do seu corpo e de seus bens sem sofrer ameaças de violência ou interferências por parte de terceiros. O respeito ao direito de propriedade, à pessoa e suas posses, legitima a essência das normas éticas que regulam a convivência na sociedade de um modo tal que permitem a cada indivíduo perseguir seus fins e procurar a sua felicidade sem sofrer agressões alheias.

Transpondo sua ética da liberdade para a filosofia política, Rothbard deu prosseguimento às ideias desenvolvidas por anarquistas individualistas do século XIX, em especial as do jurista americano Lysander Spooner.([108]) O teórico libertário defende em suas obras que o Estado é uma entidade violadora dos direitos naturais por essência.

([107]) Id, Ibid. p. 26-27.

([108]) ROTHBARD, Murray. *Por Uma Nova Liberdade:* O Manifesto Libertário. Trad. Rafael de Sales Azevedo. São Paulo: Instituto Ludwig von Mises Brasil, 2013. p. 70-71.

Esse posicionamento é justificado de acordo com sua ética e resumida da seguinte forma:

> Deste modo, existem apenas dois caminhos para o homem adquirir propriedade e riqueza: produção ou expropriação coercitiva. Ou, como o grande sociólogo alemão Franz Oppenheimer como uma sagacidade penetrante colocou, existem apenas duas maneiras para a aquisição de riqueza. Uma é o método da produção, geralmente acompanhado da troca voluntária destes produtos: isto é aquilo que Oppenheimer denominou de o meio econômico. O outro método é a apreensão unilateral dos produtos de outro homem: a expropriação da propriedade de outro homem através da violência. Oppenheimer sagazmente denominou este método predatório de se obter riqueza de o meio político.(109) [grifo do autor]

Como se observa, a existência do Estado, entendido como um ente detentor do monopólio da violência em determinado território, na famosa acepção do sociólogo Max Weber(110), e que se sustenta com a cobrança de tributos, a transferência obrigatória por parte dos cidadãos de parte de sua renda(111), é uma clara violação da lei natural ética defendida por Rothbard.

---

(109) Id, ibid. p. 108.

(110) WEBER, Max. *Ciência e Política: Duas Vocações.* Trad. Leonidas Hegenberg e Octany Silveira da Mota. São Paulo: Cultrix, 2004. p. 56.

(111) ROTHBARD, Murray. *Por Uma Nova Liberdade: O Manifesto Libertário.* Trad. Rafael de Sales Azevedo. São Paulo: Instituto Ludwig von Mises Brasil, 2013. p. 71-72.

3.1.2. *Nozick e o valor intrínseco e original do indivíduo*

Robert Nozick (1938-2002) foi um dos mais importantes filósofos políticos da segunda metade do século XX. As duas principais obras que apresentam sua visão sobre a filosofia política e a ética são, respectivamente, "Anarquia, Estado e Utopia" (1974) e "Explicações Filosóficas" (1981). Aliás, este último livro pode ser considerado uma fundamentação filosófica do primeiro.

Logo no começo da obra "Explicações Filosóficas", Nozick afirma que está interessado em demonstrar algo bastante objetivo: que filosoficamente é possível sustentar que os seres humanos são valiosos intrinsecamente. Esta afirmação tem um importante alcance político porque se somos valiosos, somos também merecedores de nossa liberdade. A sua explicação filosófica está direcionada a fundamentar a sua concepção política libertária. Como cada homem é um ser valioso, que pode ter um projeto de vida próprio, cuja simples existência "faz diferença" no Universo: vale a pena garantir sua liberdade.(112)

O título da sua obra também é bastante significativo. O libertarianismo de Nozick é tão profundo que sustenta que o ato de argumentar é autoritário. Aquele que argumenta é autoritário porque pretende convencer os demais. "Convencer" é, de certa maneira, derrotar o outro. O argumento é uma arma dialética que se aponta ao adversário para vencê-lo. Por isso mesmo que Nozick adota o termo "explicação". A explicação serve para elucidar aparentes contradições. São nelas que surgem os problemas filosóficos. Alguém oferece uma explicação,

---

(112) NOZICK, Robert. *Philosophical Explanations.* Massachusetts: Harvard University Press, 1981. p. 1-3.

a qual não significa que seja a única possível. Nozick distingue "explicar", que é descobrir as conexões entre as coisas, e "compreender", que é descobrir as conexões possíveis entre as coisas; suas potencialidades. Assim, uma pessoa capaz de planejar, "compreende".[113]

Nozick adentra então numa análise sobre o tema do valor buscando responder o porquê se pode concluir que o ser humano é valioso. Ele distingue vários tipos de valores em sua obra. Algo tem um valor "instrumental" quando serve para outra coisa que é valiosa. Por sua vez, há valor "intrínseco" quando algo tem valor por si mesmo. Por suposição, o homem tem de ser valioso intrinsecamente e não instrumentalmente para se justificar sua liberdade. Também algo pode ser considerado valioso no sentido de que "contribui" para a formação de um valor (valor contributivo). Por exemplo, o braço é valioso enquanto faz parte de um corpo. Por sua vez, algo tem valor "original" se isoladamente gera um valor novo. Nozick sustenta que cada ser humano carrega em si todo um novo conjunto de valores absolutamente único. Dessa forma, seu objetivo é demonstrar que somos valiosos tanto de forma intrínseca (não apenas instrumental) e original (não apenas contributiva). Não se trata de que não agregamos valor às coisas; somos valiosos porque cada um de nós carrega uma nova combinação de valores que de outra forma não existiria.[114]

Com base nessa noção, Nozick explica que o valor do indivíduo define que comportamento deverá vir dele para estar à altura do que vale. Já os valores dos outros definem que comportamento deverá fluir do indivíduo para respeitar o que os demais valem. Portanto, a ética

---

(113) Id, Ibid. p. 8-11.

(114) Id, Ibid. p. 291-316.

exige apenas duas coisas: que o indivíduo se comporte de acordo com o que vale e que respeite os demais de acordo com o que estes valem. Nozick denomina o primeiro tipo de "*ethical push*"(115) (impulso moral) e o segundo de "*ethical pull*"(116) (reivindicação moral). Uma pessoa é ética quando se comporta conforme o seu próprio valor e o valor alheio, porque o outro é tão importante quanto ela.

Nozick recorda o famoso desafio de Glaucon a Sócrates na obra "A República", quando o primeiro pergunta se vale a pena ser moral mesmo quando não exista benefício por isto. Se a sociedade, em vez de favorecer o seguidor da moral, o castiga, este deveria continuar a ser ético? Se seguir a ética traz infelicidade ao invés de felicidade o que fazer? Este é um dos debates no libertarianismo entre os deontológicos e os utilitaristas. Por exemplo, para Kant devo ser ético mesmo que isso me traga infelicidade. A influência de Kant em Nozick é de suma importância porque foi este filósofo que defendeu que se não me comporto de acordo com a moral, não necessariamente serei menos feliz, mas "valerei" menos. A punição que sofrerei, por não me adequar a ética, é uma perda de valor. Valerei menos porque não me comportei a altura das exigências do meu valor e do valor dos demais. Portanto, o que sofrerei é uma punição "valorativa".(117)

Porém, o que é o valor em si? Nozick afirmará que o valor é medido pela sua capacidade de unificar uma diversidade de elementos sem destruí-los. Esta qualidade é denominada por ele de "unidade orgânica". É desta explicação que ele retirará a conclusão de que a

---

(115) Id, Ibid. p. 403-450.

(116) Id, Ibid. p. 451-473.

(117) Id, Ibid. p. 403-413.

sociedade não coercitiva, livre, é mais valiosa que a coercitiva por ser mais diversa; unificando mais elementos diversificados por permitir que cada pessoa possa ser ela mesma. Contrariamente, as utopias literárias ou as trágicas utopias reais do nosso tempo empobrecem a realidade, porque a sua unificação destrói a diversidade. "A República" de Platão e "Utopia" de Thomas Morus são apenas enormes indivíduos coletivizados, grandes formigueiros em que no interior cada pessoa é um inseto a mais.([118])

O valor é "original" quando combina valores de uma forma nova. Quando aparece um ser humano, único e novo, como cada um de nós somos, seu valor não consiste em cada um dos "átomos de valor" que tem, mas na harmonização de todos eles. Para Nozick, o homem tem um valor "sagrado" na medida em que seja "inteiro", em que tenha conseguido unificar e reunir suas próprias diversidades.([119])

As pessoas valiosas ou os valores que elas encarnam servem de inspiração a todos. Então, de alguma maneira, o valor é contagioso. As pessoas valiosas cooperam umas com as outras, se apoiam mutuamente. De acordo com Nozick, os valores são objetivos. Não há um relativismo puro, segundo o qual cada um estipula seu valor. Há coisas que são más e outras que são boas. O que é subjetivo é o conjunto de valores que cada um tem, esse conjunto é único. Cada pessoa forma um conjunto de valores (Nozick usa o termo "cesta" de valores) combinando-os de forma única. Nota-se que, nessa concepção, o progresso moral existe porque, na medida em que o tempo transcorre, deixamos de acreditar no que acreditávamos. Vamos percebendo que

---

([118]) Id, Ibid. p. 415-422.

([119]) Id, Ibid. p. 422-428.

é imoral o que nos parecia moral. Há uma série de percepções que são difundidas em certo momento e já não se tolera que o que era aceitável continue a ser. Isto quer dizer que há um progresso da consciência moral, que vislumbra horizontes cada vez mais amplos, os quais nos são desconhecidos.(120)

Nozick expõe também a ideia do "florescimento" das pessoas. Cada pessoa tem que florescer. Se o respeito à liberdade que uma pessoa possui no campo político, cultural e econômico não tiver em vista que esta tem a capacidade de se desenvolver, então esse respeito não teria sentido. Segundo Nozick, a escolha fundamental que todo ser humano precisa tomar é decidir se ele vale e se a vida vale. Esta é uma decisão que compete a cada um escolher. Se decidir que existem valores e que sua vida tem valor, então os encontrará e viverá sua vida de forma que valha a pena. Se decidir que não existem valores e que sua vida não tem valor, não encontrará valores e viverá de forma que sua vida não tenha valor.(121)

Por sua vez, em sua obra "Anarquia, Estado e Utopia", Nozick explora a parte da sua ética responsável por estabelecer as restrições à atuação do Estado e dos demais indivíduos uns para com os outros. Essas restrições são justificadas pela noção kantiana de inviolabilidade do indivíduo. Dessa forma, para Nozick, direitos individuais nada mais são do que limites de atuação que as pessoas devem obedecer mutuamente, respeitando o outro e sua propriedade.(122)

(120) Id, Ibid. p. 505-515.

(121) Id, Ibid. p. 515-528.

(122) Id, Ibid. p. 46.

Para Nozick, os direitos não servem para estabelecer um resultado final previamente idealizado, nem possuem uma função social, objetivando minimizar ou maximizar determinada característica, elemento ou comportamento. São puramente limitações que devemos respeitar quando nossas ações se direcionam a outros e seus bens.([123])

No prefácio do livro, Nozick sustenta que os indivíduos possuem direitos e que "há coisas que nenhuma pessoa ou grupo podem fazer com os indivíduos (sem lhes violar os direitos)"([124]). A justificativa dessa afirmação é apresentada com a explicação da ideia de restrições indiretas.

> Restrições indiretas à ação refletem o princípio kantiano básico de que indivíduos são fins e não apenas meios; eles não podem ser sacrificados ou usados para a consecução de outros fins sem seu consentimento. Eles são invioláveis. [...] A filosofia política interessa-se apenas por certas maneiras através das quais pessoas não podem usar outras. Basicamente, a agressão física contra elas.([125]) [grifo do autor]

Prossegue Nozick em sua explicação:

> As restrições morais indiretas àquilo que podemos fazer refletem em minha opinião o fato de termos existências separadas. Ressaltam que nenhum ato de compensação moral pode ocorrer entre nós. Não há uma compensação moral a cargo de outros em nossa vida que leve a um

---

([123]) Id, Ibid. p. 44-45.

([124]) NOZICK, Robert. Anarquia, Estado e Utopia. Trad. Ruy Jungmann. Rio de Janeiro: Jorge Zahar, 1991. p. 9.

([125]) *Id, Ibid.* p. 46-47.

> bem *social* global maior. Nada justifica o sacrífico de uns pelos demais. Essa ideia fundamental, isto é, a ideia de que há diferentes indivíduos, com vidas separadas, de modo que ninguém pode ser sacrificado pelos demais, fornece base à existência das restrições morais indiretas, mas também, acredito, leva a uma restrição indireta libertária que proíbe agressões contra outras pessoas.([126]) [grifo do autor]

Tendo em vista isso, no âmbito da filosofia política, as únicas funções que competem ao Estado, conforme Nozick, serão aquelas limitadas a "proteção contra a força, o roubo, a fraude, de fiscalização do cumprimento de contratos e assim por diante"([127]). Ele denominará esta entidade de Estado mínimo, o único que legitimamente pode existir sem violar os direitos dos indivíduos.

3.1.3. Rand e a ética objetivista

Ayn Rand (1905-1982), cujo nome de nascença era Alisa Zinov'yevna Rosenbaum, foi uma romancista e filósofa nascida na Rússia que emigrou para os EUA com 21 anos de idade. Ela é a fundadora de uma filosofia denominada "objetivismo", que está baseada sobre uma ética chamada "egoísmo racional".([128])

A sua filosofia se caracteriza por resgatar os valores que deram origem ao que chamamos de civilização ocidental. Por um lado, Rand

---

([126]) Id, Ibid. p. 48-49.

([127]) Id, Ibid. p. 9.

([128]) RAND, Ayn. *A Virtude do Egoísmo.* Trad. Winston Ling e Cândido Mendes Prunes. Porto Alegre: Ortiz/IEE, 1991. p. 17-18.

utiliza de Aristóteles a ideia de realismo, ou seja, a realidade pode ser percebida por meio dos sentidos e a razão nos permite entender o mundo(129), fundindo-a com a noção de direitos naturais de John Locke(130) e, na sua defesa do livre mercado, seguindo os ensinamentos de Ludwig von Mises(131).

Curiosamente, o objetivismo, como filosofia, foi apresentado e desenvolvido por sua criadora não por meio de obras acadêmicas como os demais filósofos, mas por histórias de ficção. São quatro os principais romances que delinearam sua filosofia: "Anthem", "We, the Living", "The Fountainhead" e "Atlas Shrugged".

Nas duas primeiras obras, Rand se limita a apresentar críticas às sociedades que banem a noção de indivíduo e o livre mercado. Em "Anthem", temos uma sociedade futurista onde os homens não possuem nomes, mas um número de série com o qual são identificados. Suas vidas são predeterminadas por um comitê que dirige o país. A situação perdura até que um homem se revolta e descobre o significado da palavra "eu". Em "We, The Living", Rand descreve uma sociedade semelhante à da Rússia Soviética, um país onde as pessoas têm medo de falar e pensar por si mesmas, por medo de serem denunciadas às autoridades. A protagonista dessa obra se chama Kira, uma rebelde que luta contra esse sistema.

Já nas últimas obras, a sua filosofia objetivista é definida e esclarecida de fato. Em "The Fountainhead", o protagonista é um arquiteto

(129) Id, Ibid. p. 23-31.

(130) Id, Ibid. p. 118-121.

(131) Id, Ibid. p. 123-125.

chamado Howard Roark, que luta para poder construir seus prédios sem que nada nem ninguém lhe imponha uma forma considerada padrão ou aceitável de fazê-los. Quando um dos seus projetos é reformulado e construído de forma contrária ao que desejava, ele explode os prédios. Em seu julgamento, profere um discurso de defesa, nas alegações finais, que resumidamente expõe a importância da defesa do indivíduo, da razão e da liberdade como sendo as bases da civilização. Em "Atlas Shrugged", a história, que se passa num futuro próximo, apresenta os EUA como o último país a não adotar o socialismo estatista, mas que gradualmente vai sufocando as liberdades individuais e o uso da racionalidade. Enquanto o país vai entrando num caos econômico e social, as últimas mentes brilhantes, empreendedoras e revolucionárias da sociedade vão desaparecendo, uma a uma, sem deixar vestígios. Nesta obra está presente o enorme discurso de John Galt, um dos personagens principais da trama, que expõe detalhadamente todos os princípios da filosofia objetivista([132]).

Rand denominou sua filosofia de objetivismo porque no campo da metafísica era defensora de uma realidade objetiva; na área da teoria do conhecimento, ela sustenta que a razão é o caminho para o conhecimento; na ética proclama o interesse individual, e na filosofia política defende um estado mínimo que assegure o livre mercado.

Para ela, a realidade existe como uma objetividade absoluta, ou seja, os fatos são fatos, independentes dos sentimentos, desejos, esperanças ou temores dos homens. A razão é o meio único pelo qual

---

([132]) RAND, Ayn. *A Revolta de Atlas.* Vol. III. Trad. Paulo Henrique Britto. São Paulo: Arqueiro, 2010. p. 331-395.

o ser humano percebe a realidade, sua única fonte de conhecimento, seu guia para agir e meio basilar de sobrevivência.[133]

> A razão é a faculdade que identifica e integra o material provido pelos sentidos do homem. Ela é uma faculdade que o homem tem de exercitar por escolha. Pensar não é uma função automática. Em cada situação ou momento de sua vida, o homem é livre para pensar ou evitar esse esforço. Pensar requer um estado de consciência total focalizada. [...] O homem pode focalizar sua mente para obter uma consciência da realidade, total, ativa e dirigida a um objetivo – ou ele pode desfocá-la e entregar-se à deriva numa aturdida semiconsciência, meramente reagindo a qualquer estímulo casual do momento imediato, à mercê de seu mecanismo sensorial-perceptual não-dirigido e de quaisquer conexões aleatórias ou por associação que possa eventualmente fazer.[134]

Essas noções afirmam a existência de algo que cada um pode perceber e que se traduz na utilização da consciência como meio de perceber o existente.

Rand considera que o homem não adquire o conhecimento por meio de instintos, mas que tem que utilizar sua razão para escolher quais as ações a serem tomadas visando sua sobrevivência. E para sobreviver o homem necessita de um código de valores, valores que se devem formar a partir do conhecimento conceitual.[135] Para tanto, o homem tem que organizar as informações que percebe em conceitos,

---

(133) Id, Ibid. p. 334-341.

(134) RAND, Ayn. *A Virtude do Egoísmo*. Trad. Winston Ling e Cândido Mendes Prunes. Porto Alegre: Ortiz/IEE, 1991. p. 29.

(135) .Id, Ibid. p. 23-28.

que por sua vez se reúnem em conceitos cada vez mais amplos, sendo capaz de compreendê-los e retê-los.([136]) Dessa forma o homem é capaz de identificar e integrar uma quantidade ilimitada de conhecimentos, que se estendem para além das percepções imediatas de certo momento. Essa conceitualização requer que o homem deva se utilizar da razão porque esta é a faculdade que o permite perceber, identificar e integrar as informações fornecidas pelos sentidos.([137])

Para essa filosofia, o conhecimento é interrelacionado, contextual e hierárquico, que se organiza numa estrutura de conceitos em que um depende de outro. Cada conceito faz referência a entidades que existem na realidade. À medida que o homem cresce vai adquirindo mais informações sobre as mesmas, com o qual deve se enriquecer e completar o conhecimento que tinha sobre aquelas entidades. Por isso, conforme nosso conhecimento cresce, as definições de nossos conceitos aumentam em complexidade. Por exemplo, para chegar ao conceito de "valor", antes devemos saber que o homem busca certos objetivos e que pode escolhê-los.([138])

A ética objetivista é um código de valores para guiar as ações e escolhas humanas que determinam o propósito e o curso da vida do homem. Como indaga Rand, a primeira questão ética é "porque o homem necessita de valores?"([139]). A sua ética busca responder justamente a essa pergunta e explica as consequências lógicas da resposta apresentada.

([136]) Id, Ibid. p. 28-29.

([137]) Id, Ibid. p. 29-31.

([138]) Id, Ibid. p. 31.

([139]) Id, Ibid. p. 23.

Para o objetivismo, a vida é o objetivo final do homem. A alternativa fundamental que se apresenta a um ser vivo é a vida ou a morte. A vida é um valor supremo que faz que as metas firmadas sejam meios que devem ser julgados como bons ou maus para a vida do indivíduo. É a natureza do homem que determina o tipo de vida que é próprio ao ser humano.([140])

Conforme Rand, o homem é um ser racional. Como ser racional, seu método de pensar vem determinado pelo uso de conceitos para enfrentar a realidade e sobreviver. Para sobreviver, não basta ao homem saber como é a realidade; ele precisa agir também de acordo com seu conhecimento. Para agir, ele deve ser livre de todo tipo de coerção ou interferência direcionada a eles por outros indivíduos.([141]) É o valor que determinará como o homem agirá.

> "Valor" é tudo aquilo pelo qual alguém age para conseguir e/ou manter. O conceito de "valor" não é um conceito primário; ele pressupõe uma resposta a uma pergunta: de valor para quem e para o quê? Ele pressupõe uma entidade capaz de atuar para atingir um objetivo frente a uma alternativa. Onde não existem alternativas, não são possíveis nem objetivos e nem valores.([142])

Os valores do objetivismo são a razão, o propósito e a autoestima. A razão é a ferramenta de conhecimento. O propósito é a escolha da felicidade. A autoestima, o fato de sentir-se capaz de pensar e de

([140]) Id, Ibid. p. 32.
([141]) Id, Ibid. p. 32-34.
([142]) Id, Ibid. p. 23.

merecer a felicidade. Para se obter e conservar os valores são necessárias virtudes, que são os meios para atingir tais fins. As virtudes, segundo o objetivismo, são a racionalidade, a produtividade e o orgulho.([143])

Ayn Rand resume da seguinte maneira toda a ética objetivista:

> O princípio social básico da ética Objetivista é que, assim como a vida é um fim em si mesmo, assim também todo ser humano vivo é um fim em si mesmo, não o meio para os fins ou bem-estar dos outros – e, portanto, que o homem deve viver para seu próprio proveito, não se sacrificando pelos outros, nem sacrificando os outros para si. Viver para seu próprio proveito significa que o propósito moral mais alto do ser humano é a realização de sua própria felicidade.([144])

No âmbito da filosofia política, para Rand, os direitos individuais serão desdobramentos legais e morais de sua ética objetivista:

> "Direitos" são um conceito moral – um conceito que fornece uma transição lógica dos princípios que guiam as ações de um indivíduo para os princípios que guiam o seu relacionamento com os outros – o conceito que preserva e protege a moralidade individual em um contexto social – a ligação entre o código moral de um homem e o código legal de uma sociedade, entre a ética e a política. Os direitos individuais são o meio de subordinar a sociedade à lei moral.([145])

([143]) Id, Ibid. p. 34-35.

([144]) Id, Ibid. p. 37.

([145]) Id, Ibid. p. 118.

O direito, portanto, pertence ao indivíduo, é o seu meio de defender uma esfera moral de ação que o permite atuar na busca pela sua felicidade. Rand, aliás, contrariamente aos demais libertários, que consideram a autopropriedade o direito fundamental do homem, afirmará que é do direito à vida que se originam todos os demais direitos. O homem tem direito à vida, logo, tem direito que lhe deixem se autossustentar. Esse direito é o de propriedade.([146])

Ao defender esta concepção individualista de direitos, Rand assume que a única justificação legítima para a existência do Estado, sua única tarefa real, é o de impedir e punir a violência presente nas relações sociais, para garantir assim que cada um possa buscar viver plenamente. Por isso que para ela, "um governo é o meio de colocar o uso retaliatório da força física sobre controle objetivo – isto é, sob leis objetivamente definidas".([147])

3.2. Visão dialogal-argumentativa

Durante a primeira metade do século XX, a filosofia sofreu o que se denomina atualmente de "guinada linguística", o que deu origem ao movimento que ficou conhecido como filosofia analítica ou filosofia da linguagem. O fundamento desse movimento filosófico era a crença de que os problemas analisados no âmbito da filosofia ao longo da história são essencialmente problemas linguísticos, sendo, portanto,

([146]) Id, Ibid. p. 120.
([147]) Id, Ibid. p. 138.

passíveis de serem solucionados por meio de uma análise cuidadosa da linguagem.(148)

De acordo com Demetrio Neri, no campo da ética, a aplicação da epistemologia da filosofia analítica originou o que se denomina de "metaética":

> Em ética, essa aproximação traduziu-se numa exclusiva atenção à análise do significado e da função dos termos (em especial "bom" e "correto") usados na linguagem moral, bem como à pesquisa das regras lógicas que guiam seu uso. O objetivo era ver se, pela análise da linguagem, seria possível compreender o que é e como funciona a moralidade.(149)

A distinção que os analíticos propõem na ética se concentra entre os tipos de linguagem, no caso a comum e a moral. O que é ressaltado nessa divisão é que, ao contrário do que se afirmava até então, certos termos ou expressões não carregam um significado moral implícito, como é o caso de "bom", "mau", "certo" e "errado". A percepção de um conteúdo moral nesses termos dependerá do contexto em que estes são utilizados na linguagem. Os filósofos linguísticos buscaram assim entender em seus trabalhos o que acontece com essas palavras e expressões quando utilizadas num contexto de linguagem moral.(150) Alguns filósofos analíticos se destacaram bastante, entre eles Bertrand

---

(148) NERI, Demetrio. *Filosofia Moral: Manual Introdutivo.* Trad. Orlando Soares Moreira. São Paulo: Loyola, 2004. p. 35.

(149) Id, Ibid. p. 35.

(150) Id, Ibid. p. 36-37.

Russell (1872-1970), Ludwig Wittgenstein (1889-1951) e George E. Moore (1873-1958).([151])

Paralelamente ao desenvolvimento da filosofia analítica, a preocupação com o uso da linguagem e da comunicação humana também provocou o interesse de filósofos alemães que compuseram o que ficou conhecido como "Escola de Frankfurt". Essa escola filosófica consistia na tentativa de promover um revigoramento na análise crítica à sociedade contemporânea, utilizando para tanto os ensinamentos de Kant, Hegel e Marx. Vários "filósofos frankfurtianos" ganharam projeção internacional, como Max Horkheimer, Theodor Adorno, Herbert Marcuse, Eric Fromm, Walter Benjamin, Karl-Otto Apel e Jürgen Habermas.([152])

Foram Apel e Habermas, ambos membros da segunda geração da Escola de Frankfurt, que deram início a um trabalho mais completo voltado ao problema da comunicação, a qual foi iniciada na escola por Horkheimer. Este último desenvolveu o conceito de "racionalidade comunicativa", que defende que "a razão não seja monológica, mas dialógica, como resultado do processo de entendimento intersubjetivo".([153]) Ou seja, os indivíduos de cada período histórico, por meio da linguagem, firmam as relações sociais que definirão como determinada comunidade expressa sua racionalidade.

([151]) REALE, Giovanni; ANTISERI, D. *História da Filosofia 5: Do Romantismo ao Empiriocriticismo*. São Paulo: Paulus, 2005. p. 321.

([152]) MATOS, Olgária C. F. *A Escola de Frankfurt: Luzes e Sombras do Iluminismo*. São Paulo: Moderna, 1993. p. 10-23.

([153]) ARANHA, Maria Lúcia de Arruda; MARTINS, Maria Helena Pires. *Filosofando: Uma Introdução à Filosofia*. 4° ed. São Paulo: Moderna, 2009. p. 200.

É desse ponto de partida que Habermas propõe sua "teoria da ação comunicativa", a qual será a base teórica da sua "ética do discurso". A ação comunicativa é aquela em que os sujeitos da comunicação buscam o entendimento, por meio da argumentação, sobre a legitimidade de determinada norma ética. Quando esta legitimidade se torna aceitável por todos, ela poderá ser chamada de universal. A ética do discurso, portanto, é conjunto normativo universalizável que surge da "interação entre os indivíduos do grupo, mediada pela linguagem, pelo discurso".([154])

Apesar de outros filósofos também terem propostos suas próprias metodologias que fundamentam seus entendimentos sobre a ética do discurso, como é o caso de Karl-Ottto Apel e Ernst Tugendhat (1930-), a teoria ética de Habermas tornou-se a mais popular dentro deste grupo filosófico.([155])

3.2.1. Hans-Hermann Hoppe e a ética argumentativa

O filósofo alemão Hans-Hermann Hoppe (1949-) pode ser considerado o pioneiro dentro do libertarianismo a utilizar-se da metodologia analítica para fundamentar a ética libertária. Tendo sido aluno tanto de Habermas como de Rothbard, Hoppe desenvolveu uma teoria denominada de ética argumentativa, a qual se propõe a demonstrar que qualquer argumentação, no âmbito da seara

(154) Id, Ibid. p. 260.
(155) Id, Ibid. p. 260.

política, que defenda algo distinto do libertarianismo é logicamente inconsistente.(156)

Conforme Hoppe:

> Pretendo demonstrar que só a ética libertária da propriedade privada pode ser justificada argumentativamente, porque é a pressuposição praxeológica da própria argumentação; e porque qualquer proposta ética não libertária que dela se desvie pode ser considerada uma violação da preferência apontada. Tais tipos de proposições podem ser feitas, é claro, mas seu conteúdo fundamental entraria em contradição com a ética com que alguém demonstra preferência em virtude de seu próprio comportamento, isto é, o ato de iniciar uma argumentação.(157)

A fundamentação da ética libertária pela argumentação em Hoppe tem como pilares a praxeologia de Ludwig von Mises (1881-1973) e a noção de autopropriedade de Murray Rothbard, além da teoria da ação comunicativa de Habermas.

Rothbard, seguindo a tradição iniciada por Locke, era uma jusnaturalista. Ele defende a existência de direitos naturais próprios ao homem, ou seja, decorrentes da natureza humana. Por ser o homem a única espécie capaz de raciocinar logicamente, afirma Rothbard, ele é possuidor de direitos que lhe são inerentes. Por sua vez, Mises, por meio da praxeologia, defende que justamente pelo ser humano

---

(156) HOPPE, Hans-Hermann. *The Economics and Ethics of Private Property: Studies in Political Economy and Philosophy*. 2. ed. Auburn: The Ludwig von Mises Institute, 2006. p. 341.

(157) Id, Ibid. p. 341.

ser capaz de estabelecer certos fins utilizando para tanto de certos meios para atingi-los, a forma mais eficiente dentre as existentes para que isto ocorra é por meio do direito à propriedade. É este direito que permite que o maior número de pessoas possa escolher objetivos para sua vida e valorar dentre as possibilidades as formas pelos quais pretende alcançá-los. Como se percebe, essa é uma argumentação essencialmente utilitarista.([158])

Hoppe afirma que somente a ética que defenda a propriedade privada, e nenhuma outra, pode ser demonstrada pela argumentação. Qualquer outra ética que não seja a libertária de propriedade privada pode ser negada mediante a lógica, ao se incorrer em contradição. O ato de argumentar, de firmar uma comunicação visando expor uma ideia ao outro, só pode ser feita pelos humanos. Portanto, na linha habermasiana, o que é legítimo ou ilegítimo só pode ser demonstrado pela argumentação. Um indivíduo não pode afirmar que algo é "ilegítimo" sem primeiro argumentar sobre tal proposição. Quando alguém busca convencer outro indivíduo que algo é "justo" ou "injusto", só poderá fazê-lo argumentando alguma coisa.([159])

Deixando assim claro que só podemos debater sobre certos temas mediante a argumentação, o que inclui discutir qual ética é a melhor, Hoppe aborda o segundo fato também considerado lógico em sua teoria. Para o filósofo alemão, quando argumentamos nos utilizamos de meios escassos para propor estes argumentos, portanto, fazemos uso de bens tangíveis na hora de tentar demonstrar algo, usando propriedades privadas. Ninguém poderia argumentar nada se não

---

([158]) Id, Ibid. p. 339-341.

([159]) Id, Ibid. p. 322-323.

fosse considerado o legítimo proprietário dos meios utilizados na hora de argumentação. Da mesma forma, não podemos argumentar que não podemos argumentar, pois seria uma contradição.([160])

Os meios tangíveis que utilizamos para argumentar nossas propriedades privadas é, segundo Hoppe, é o próprio corpo humano. Quando argumentamos, usamos nossas cordas vocais na hora de demonstrar algo. Se argumentarmos de maneira escrita, usamos nossas mãos para expor tais afirmações. Assim sendo, se não fossemos os donos de nossos próprios corpos, ninguém poderia argumentar jamais, dado que para argumentar precisamos fazer uso da autopropriedade. Hoppe então conclui que qualquer pessoa que se oponha ao direito de autopropriedade, estaria entrando em contradição lógica, já que para argumentar que o "direito de autopropriedade não é existe" precisaria fazer uso, de maneira prévia, deste mesmo direito.([161])

Considerado demonstrado que qualquer oposição ao direito de autopropriedade é argumentativamente contraditória, Hoppe busca em seguida demonstrar que os direitos de propriedade a bens externos também são os únicos passíveis de serem defensáveis por meio da lógica e da argumentação. Como Mises expõe em sua obra "Ação Humana", o ser humano atua para alcançar certos fins e o faz mediante o uso de meios escassos, ou seja, detendo a propriedade sobre bens externos.([162])

Evidentemente que para usar estes meios escassos é preciso antes estabelecer adequadamente quem é o proprietário. Existem somente

---

([160]) Id, Ibid. p. 342.

([161]) Id, Ibid. p. 319-320.

([162]) VON MISES, Ludwig von. *Ação Humana*. 3. ed. São Paulo: Instituto Ludwig von Mises Brasil, 2010. p. 37-39.

três formas possíveis de sua realização: a primeira é (i) assumir que ninguém pode ser proprietário exclusivo de um bem, o que logicamente implicaria no ser humano ser impossibilitado de fazer qualquer coisa, culminando na morte de todos; a segunda é (ii) assumir que todos são proprietários de tudo e, portanto, antes de fazer qualquer coisa, o ser humano precisa de autorização de todos os demais indivíduos da Terra para usar um bem, o que também acarretaria em sua morte; e a terceira é (iii) a que assume que o proprietário de um determinado bem será aquele que primeiro se apropriar dele, procedimento denominado de "apropriação original".([163])

De acordo com Hoppe:

> Em primeiro lugar, cabe afirmar que se ninguém tiver o direito a adquirir e controlar qualquer coisa, exceto seu próprio corpo [...], então todos deixaríamos de existir, e o problema da justificação das regras normativas simplesmente não existiria. A existência deste problema só é possível porque estamos vivos, e nossa existência se deve ao fato de que nós não, realmente não podemos aceitar uma norma que nos proíba de termos propriedade sobre outros bens escassos que não sejam nossos próprios corpos.([164])

Em face disso, é preciso esclarecer como funcionaria a regra da apropriação original. Essa regra é fundamental porque se não definirmos um vínculo objetivo entre um bem escasso e um indivíduo,

---

([163]) HOPPE, Hans-Hermann. *The Economics and Ethics of Private Property: Studies in Political Economy and Philosophy*. 2. ed. Auburn: The Ludwig von Mises Institute, 2006. p. 342.

([164]) Id, Ibid. p. 320.

então poderia ser afirmado que o último a utilizar o bem também se tornaria proprietário deste. É por isso que a limitação ao fator temporal é importante, de forma que aquele que primeiro se apropriar de um bem no espaço-tempo, tornando-o seu, se torna proprietário, sem necessidade de consentimento nem dos demais indivíduos que compõem a humanidade nem das pessoas que ainda virão a existir. Assim, se deduz logicamente que só pelo fato de existirmos e estarmos vivos, pressupõe-se que nossos antepassados tiveram que se apropriar de bens externos, sem os quais eles não se manteriam vivos ou deixariam descendentes.([165])

Conforme Hoppe concluirá, as demais éticas são ilógicas justamente porque suas normas e princípios não são universalizáveis, estabelecendo exceções do tipo "algumas pessoas podem e outras não"([166]). Portanto, para que estas éticas fossem aceitas por todos, seria preciso convencer antes as duas partes na argumentação que certos indivíduos devem ser regidos por certas normas e outros por um conjunto totalmente distinto de regras. Por isso dificilmente são universalmente aceitas, quanto mais consideradas igualmente justas.([167])

Como ficou exposto, Hoppe, com sua ética argumentativa, termina por defender logicamente os direitos naturais apontados por Rothbard, chegando a essa conclusão por meio da praxeologia exposta por Mises. Hoppe inclusive assinala que Rothbard reconheceu a validade da sua ética argumentativa em seu livro "A Ética da Liberdade", apesar de não ter aprofundado a ideia:

([165]) Id, Ibid. p. 343.

([166]) Id, Ibid. p. 323.

([167]) Id, Ibid. p. 324.

> Uma proposição se eleva ao status de um axioma quando aquele que a negar recorre precisamente a ela no decorrer da suposta refutação. Pois bem, qualquer pessoa que participa de qualquer tipo de discussão, incluindo uma sobre valores, está, em virtude desta participação, vivo e ratificando a vida. Pois se ele realmente fosse contrário à vida ele não teria nenhum interesse em continuar vivo. Consequentemente, o suposto opositor da vida está realmente ratificando-a no próprio curso de sua argumentação, e por isso a preservação e proteção da vida de alguém assumem a categoria de um axioma incontestável.(168)

Conclui-se, dessa maneira, que no momento em que entramos num debate e trocamos argumentos estamos justificando a ética da propriedade privada. Só pelo fato de debater com alguém, já estamos pressupondo a legitimidade da autopropriedade para podermos explicar nossos argumentos e da apropriação original dos bens escassos para podermos agir neste mundo. Se alguém, por meio da argumentação, pretende refutar a ética da propriedade privada, estará entrando em uma contradição lógica, já que para fazê-lo precisará utilizar seu próprio corpo e determinado bem escasso externo a este para difundir seus argumentos.

3.3. Visão utilitarista

O utilitarismo é uma filosofia desenvolvida pelo filósofo britânico Jeremy Bentham (1748-1832) e por seus dois discípulos James Mill

(168) ROTHBARD, Murray N. *A Ética da Liberdade*. Trad. Fernando Fiori Chiocca. São Paulo: Instituto Ludwig von Mises Brasil, 2010. p. 38.

(1773-1836) e John Stuart Mill (1806-1873), pai e filho respectivamente. A base dessa filosofia é a crença no princípio que estabelece "a máxima felicidade possível para o maior número possível de pessoas"([169]).

Apesar de o princípio utilitarista ter sido aventado por diversos filósofos ao longo da história([170]), sendo parte integrante de estudos filosóficos sobre a ética e o direito, foi a partir de Bentham que este alcançou sua "independência" filosófica. A obra de Bentham que apresenta a sua filosofia utilitarista é "An Introduction to the Principles of Morals and Legislation" (1789)([171]).

Demetrio Neri, relembrando a lição dada pelo filósofo inglês Henry Sidgwick (1838-1900) em sua distinção sobre os tipos de ética na obra "The Methods of Ethics" (1874), afirma:

> Segundo Sidgwick, a ética, no seu primeiro período, o da filosofia grega, apresenta-se como uma forma de pesquisa em cujo centro está a noção de bem, e a pergunta ética fundamental é "como se deve viver para bem viver". É por essa razão que essa forma de ética é chamada

---

([169]) REALE, Giovanni; ANTISERI, D. *História da Filosofia 5: Do Romantismo ao Empiriocriticismo*. São Paulo: Paulus, 2005. p. 304.

([170]) Os filósofos John Locke, David Hume, George Berkeley, os economistas Adam Smith e David Ricado, e o jurista Cesare Beccaria são exemplos de intelectuais que, antes de Bentham, adotaram o princípio utilitarista em suas análises teóricas. ARAÚJO, Cícero. Bentham, O Utilitarismo e a Filosofia Política Moderna. In: *Filosofia Política moderna: De Hobbes a Marx*. BORON, Atilio A (Org.). São Paulo: Depto. De Ciência Política – FFLCH – Universidade de São Paulo, 2006. p. 268.

([171]) ARAÚJO, Cícero. Bentham, O Utilitarismo e a Filosofia Política Moderna. In: *Filosofia Política moderna: De Hobbes a Marx*. BORON, Atilio A (Org.). São Paulo: Depto. De Ciência Política – FFLCH – Universidade de São Paulo, 2006. p. 268.

de ética do bem ou do valor (pois o bem é justamente o que tem – ou a que é atribuído – valor) ou, ainda, ética do fim, pois o bem ou valor é apresentado em geral na forma do bem supremo, como o fim a que deve ser orientada a conduta humana.(172)

A ética firmada sobre o princípio utilitarista se enquadra como um tipo de ética consequencialista. O foco desse tipo de ética está direcionado nos resultados da conduta de um indivíduo, de onde se extrairá a moralidade. Assim, se determinada conduta em certa circunstância gera um resultado bom, então o valor daquela conduta também é bom e vice-versa. Portanto, para esse tipo de ética, nenhuma conduta humana é boa ou má pela intenção nela contida, mas apenas pelas consequências que esta produz na realidade.(173)

Como apontado anteriormente, Bentham defende que o objetivo da ética utilitarista é aumentar a felicidade humana. Justamente por isso, para o filósofo, "a coisa certa a fazer é aquela que maximizará a utilidade. Como 'utilidade' ele define qualquer coisa que produza prazer ou felicidade e evite a dou ou o sofrimento"(174).

Na conceituação de Bentham, o utilitarismo define-se da seguinte forma:

Por princípio de utilidade entende-se aquele princípio que aprova ou desaprova qualquer ação, segundo a tendência que tem a aumentar

(172) NERI, Demetrio. *Filosofia Moral: Manual Introdutivo*. Trad. Orlando Soares Moreira. São Paulo: Loyola, 2004. p. 47-48.

(173) Id, Ibid. p. 50.

(174) SANDEL, Michael J. *Justiça: O que é fazer a coisa certa*. 6. ed. Trad. Heloísa Matias e Maria Alice Máximo. Rio de Janeiro: Civilização Brasileira, 2012. p. 48.

> ou a diminuir a felicidade da pessoa cujo interesse está em jogo, ou, o que é a mesma coisa em outros termos, segundo a tendência a promover ou a comprometer a referida felicidade. Digo qualquer ação, com o que tenciono dizer que isto vale não somente para qualquer ação de um indivíduo particular, mas também de qualquer ato ou medida de governo.([175])

É importante esclarecer que a noção de busca pela felicidade, compreendida como sentir mais prazer do que dor, que a ética utilitarista defende não tem como objetivo a defesa de um hedonismo irresponsável, mas um "calculado", ou seja, "que avalia atentamente as características do prazer: duração, intensidade, certeza, proximidade, capacidade de produzir outros prazeres, ausência de consequências dolorosas"([176]).

A princípio, uma ética fundamentada sobre a utilidade que visa maximizar a felicidade na sociedade não parece ser motivo de objeção, contudo as resistências intelectuais e morais ocorrem quando se examina justamente as consequências diretas e indiretas da adoção desse tipo de ética nas mais variadas circunstâncias teóricas ou práticas.

Como Michael Sandel explica, existem dois tipos de objeções comuns à ética utilitarista. A primeira é relativa ao aparente desinteresse dessa filosofia na noção de direitos individuais, a qual sob uma perspectiva utilitarista poderia em certas circunstâncias tolerar

---

([175]) BENTHAM, Jeremy. *Uma Introdução aos Princípios da Moral e da Legislação*. Trad. Luiz João Baraúna. 3. ed. São Paulo: Abril Cultural, 1984. p. 10.

([176]) REALE, Giovanni; ANTISERI, D. *História da Filosofia 5: Do Romantismo ao Empiriocriticismo*. São Paulo: Paulus, 2005. p. 304.

a "coisificação" de uma pessoa em prol da felicidade dos demais. Já a segunda é quanto à equalização de valores distintos e até mesmo contraditórios no momento de quantificá-los para definir o que favorece ou não a "felicidade geral".(177)

A objeção ao utilitarismo pela ótica dos direitos individuais se foca especificamente nos resultados da metodologia dessa ética, que objetiva sempre considerar ética aquelas ações que favoreceram a felicidade e o prazer ao invés da tristeza e dor. Um dos exemplos mais comuns é o que envolve a legitimidade ética do uso da tortura num suspeito para impedir que um atentado terrorista cause a morte de centenas ou milhares de pessoas. Para um utilitarista, evitar o potencial sofrimento ou morte de várias pessoas justificaria eticamente o recurso da tortura como forma de impedir que tal ato terrorista ocorra. Contrariamente, um defensor dos direitos individuais se oporia a medida porque a ameaça de agressão ou a iniciação de violência contra um indivíduo não pode ser jamais considerada eticamente aceitável num contexto de respeito à dignidade humana.(178)

Quanto à segunda objeção a ética utilitarista, o foco da oposição se concentra no repúdio a ideia de que valores de naturezas distintas podem ser tratados igualmente numa espécie de "cálculo geral de felicidade". Em outros termos, como cada indivíduo é único, seus objetivos de vida e valores também o são. Dessa forma, buscar um "denominador comum" que agregue todos esses valores individuais diferentes para extrair quais atos promove a felicidade de todos é

(177) SANDEL, Michael J. *Justiça: O que é fazer a coisa certa*. 6. ed. Trad. Heloísa Matias e Maria Alice Máximo. Rio de Janeiro: Civilização Brasileira, 2012. p. 51-63.

(178) Id, Ibid. p. 52-54.

simplesmente impossível. O tipo de situação em que essa objeção costuma se manifestar se dá em análises de custo e benefício, onde ações e consequências diversas são tratadas sobre o mesmo peso para decidir, de forma puramente utilitarista, o que é mais favorável a se fazer em termos monetários. Sandel cita o exemplo do modelo de carro Ford Pinto, que na década de 70, foi comercializado pela empresa Ford apesar de possuir um alto risco do motor, em casos de colisões, explodir. Na época, a companhia se justificou alegando que o custo de consertar o defeito do carro seria maior do que o de pagar as indenizações pelos mortos e feridos que fossem vítimas de uma possível explosão do motor.([179])

3.3.1. John Stuart Mill e a liberdade como promotora da felicidade geral

No âmbito do libertarianismo, foi John Stuart Mill quem deu início a confluência da ética utilitarista com essa filosofia política. A filosofia ética de Mill seguiu um caminho levemente diferente do seu mestre Bentham, cujas ideias utilitaristas favoreciam medidas interventoras na sociedade por parte dos legisladores, dado que para este "aumentar a felicidade da comunidade" corresponderia à vontade da maioria política no Estado, que por consequência deveria agradar a maioria da sociedade.([180]) É na sua obra "Utilitarismo" que Mill estabelece as bases do seu utilitarismo individualista.

([179]) Id, Ibid. p. 57-59.

([180]) BENTHAM, Jeremy. *Op. Cit.*, p. 10.

A origem comum dos utilitaristas é Epicuro([181]), assim com a origem dos deontologistas libertários provém dos estoicos, em especial o dos filósofos romanos Sêneca, Epicteto e Marco Aurélio.([182]) Mill define a utilidade como tudo aquilo que produz prazer a uma pessoa e a exime de dor. A felicidade é definida como o maior "saldo positivo" de prazer no curso da vida de um indivíduo. A felicidade do maior número de pessoas seria então, para Mill, o maior "saldo positivo" de prazer possível para um grupo. Mill afirma que a busca da felicidade é o critério moral mais fundamental.([183])

Por sua vez, a felicidade não é o mesmo que satisfação ou contentamento, conforme Mill explica diferenciando-as ao afirmar que a primeira é exclusiva dos humanos, seres superiores, enquanto as últimas são comuns aos demais animais, seres inferiores:

> É indiscutível que um ser cujas capacidades de deleite sejam baixas tem uma probabilidade maior de as satisfazer completamente, e que um ser amplamente dotado sentirá sempre que, da forma como o mundo é constituído, qualquer felicidade que possa esperar será imperfeita. Mas pode aprender a suportar as suas imperfeições, se de todo forem suportáveis, e estas não o farão invejar o ser que, na verdade, está inconsciente das imperfeições, mas apenas porque não sente de modo nenhum o bem que essas imperfeições qualificam. É melhor ser um ser humano insatisfeito do que um porco satisfeito; é melhor ser Sócrates insatisfeito do que um tolo satisfeito.([184])

([181]) REALE, Giovanni; ANTISERI, D. *Op. Cit.* p. 269-271.

([182]) Id, Ibid. p. 325-332.

([183]) MILL, John Stuart. *Utilitarismo.* Trad. Pedro Galvão. Porto: Porto Editora, 2005. p. 52-54.

([184]) Id, Ibid. p. 51.

Epicuro distinguia duas formas de prazer: o prazer cinético e o prazer catastemático. O primeiro se alcança pelo movimento em si. O segundo, que Mill (assim como Epicuro) considera superior, é aquele que vem após a ação. Dessa forma, o cinético seria aquele em que o prazer está ligado a própria ação humana, enquanto o catastemático é aquele que atingido como resultado da ação, seja esta prazerosa em si ou não.([185])

> Devido à fraqueza de caráter, os homens elegem frequentemente o bem que está mais à mão, embora saibam que este é menos valioso; e isto ocorre tanto quando a escolha é entre dois prazeres corporais como quando é entre prazeres corporais e mentais.([186])

Mill defenderá que o maior prazer que um indivíduo pode ter é o de dar prazer a outros. Contudo, a busca por isso deve ser produto de uma escolha pessoal, que é a base do liberalismo, e não algo imposto pelo Estado ou pela maioria. Portanto, a nobreza de caráter, na medida em que progride, vai aproximando cada vez mais os indivíduos do ideal de procurar a felicidade em comum. Existe assim uma dimensão de solidário no pensamento libertário, mas esta é privada. A ideia é simples: a escolha ética não deve ser entre minha felicidade e a dos demais, mas que minha ação beneficie, na medida do possível, tanto o agente como os outros. Mill chega a citar a lição de Jesus, ao afirmar que devemos "tratar os outros como queremos que nos tratem e amar

---

([185]) REALE, Giovanni. *Op. Cit.* p. 203-210.

([186]) MILL, John Stuart. *Op. Cit.* p. 51.

o nosso próximo como a nós mesmos constituem a perfeição ideal da moralidade utilitarista".([187])

Desobedecer ao mandamento ético para Mill redunda em dois tipos de sanções, uma interna e uma externa. A primeira é a reflexão condenatória sobre a escolha, o sentimento de culpa e o "pesar" na consciência. Já a segunda é a reação negativa dos demais indivíduos ao comportamento do violador da ética. Nesse aspecto, o dever pode ser definido como aquele tipo de obrigação moral que o Estado pode exigir, em regra relativa às escolhas individuais que afetam de forma negativa, direta ou indiretamente, outros indivíduos.([188]) É por isso que segundo Mill, o que não se faz eticamente por dever, se faz por generosidade, sendo esta última incapaz de ser imposta socialmente ou legalmente.([189])

De acordo com Mill, existem dois tipos de obrigações morais: as perfeitas e as imperfeitas. As primeiras são aquelas que são deduzíveis de um direito e demandam uma ação específica para um agente determinado, enquanto as segundas são gerais e indeterminadas.

> Ora, sabe-se que os autores de ética dividem os deveres morais em duas classes denotadas por expressões infelizes: os deveres de obrigação perfeita e os deveres de obrigação imperfeita. Os últimos são aqueles em que, embora o ato seja obrigatório, as ocasiões específicas para realizá-lo ficam ao nosso critério. Isto acontece, por exemplo, no caso da caridade ou da beneficência, que estamos efetivamente obrigados a praticar, mas

---

([187]) Id, Ibid. p. 58.

([188]) Id, Ibid. p. 67-70.

([189]) Id, Ibid. p. 89-90.

> não em relação a qualquer pessoa definida, nem em qualquer instante determinado. Na linguagem mais precisa dos juristas filosóficos, os deveres de obrigação perfeita são aqueles deveres em virtude dos quais um direito correlativo reside em alguma pessoa ou pessoas; os deveres de obrigação imperfeita são aquelas obrigações morais que não dão origem a qualquer direito.(190)

Portanto, somente as obrigações perfeitas são exigíveis por meio do sistema jurídico do Estado. As demais residem no campo da benevolência e solidariedade. Assim, o indivíduo tem a obrigação de promover a felicidade do próximo, mas não tem a obrigação de fazê-la em relação uma pessoa específica em determinado momento. Em face disso, essa obrigação não pode ser exigida perante o Estado, ainda que seja exigível perante o próprio indivíduo do ponto de vista moral. Perante isto, se pode afirmar que as obrigações perfeitas representam um mínimo ético cuja observância e poder de cumprimento corresponde ao Estado. Esse mínimo ético é denominado de direito.(191)

Por fim, Mill esclarece ainda sua noção de direitos:

> Quando dizemos que uma pessoa tem direito a uma coisa, queremos dizer que ela tem uma pretensão válida à proteção da sociedade no que diz respeito à posse dessa coisa, seja pela força da lei ou pela força da educação e da opinião. Se por alguma razão essa pessoa tiver o que consideramos uma pretensão suficiente a que a sociedade lhe garanta uma coisa, dizemos que ela tem direito a essa coisa. Se desejamos provar que

(190) Id, Ibid. p. 90-91.
(191) Id, Ibid. p. 94-95.

> uma coisa não lhe pertence por direito, entendemos que o conseguimos fazer logo que se admitir que a sociedade não deve tomar medidas para lhe assegurar essa coisa, devendo deixar o assunto entregue ao acaso ou aos seus próprios esforços. [...] Deste modo, ter um direito é, julgo eu, ter algo cuja posse deve ser defendida pela sociedade.(192)

Conclui-se assim que o direito em Mill é uma obrigação moral que reside fundamentalmente na ideia de liberdade individual, sem a qual a escolha moral não existiria, mais a segurança social fornecida pelo Estado para que os indivíduos possam usufruir de tudo aquilo que conquistaram legitimamente com o exercício dessa liberdade. Por isso, "da perspectiva do moralista ou do legislador, o igual direito de todos à felicidade implica um igual direito a todos os meios para a felicidade"(193).

Cabe salientar que Mill entendia que a humanidade se transformava socialmente por meio de um "progresso moral". Assim, as desigualdades que são toleradas por uma sociedade devem-se, em muito, ao tipo de moralidade que nela vigora. Como esta moralidade não é estanque, mas evolui, essas desigualdades, antes aceitáveis socialmente e tornadas legais, são prontamente abominadas e proibidas pelas próximas gerações.

> Toda a história do progresso social tem consistido numa série de transições pelas quais cada costume ou instituição, depois de ter sido considerado uma necessidade primária da existência social, adquiriu o

(192) Id, Ibid. p.94-95.

(193) Id, Ibid. p. 103.

estatuto de uma injustiça e tirania universalmente estigmatizada. Isto ocorreu com as distinções entre escravos e homens livres, nobres e servos, patrícios e plebeus, e o mesmo ocorrerá, e em parte já ocorre, com as aristocracias da cor, da raça e do sexo.(194)

Como apresentado, foi dessa forma que Stuart Mill conseguiu conjugar, por meio de sua ética utilitarista, exigências morais elevadas com a ideia de que essas exigências são compatíveis com os próprios interesses dos indivíduos, além de só serem possíveis de se realizarem socialmente através do pleno exercício da liberdade individual, que só encontra limite perante a liberdade dos demais.

3.3.2. A família Friedman e o mercado como promotor das liberdades

Durante a segunda metade do século XX, o economista americano libertário Milton Friedman (1912-2006) ganhou notoriedade como autoridade econômica, especialmente dentro dos círculos acadêmicos liberais e libertários, e influência política, notoriamente durante os mandatos presidenciais de Richard Nixon (1969-1974), Gerald Ford (1974-1977) e Ronald Reagan (1981-1989), por sua defesa do mercado livre de intervenções governamentais, baseado no Estado de Direito, como incubador e desenvolvedor das liberdades individuais. Suas principais obras são "Capitalismo e Liberdade" e "Livres para

(194) Id, Ibid. p. 104.

Escolher", ambas escritas com a contribuição de sua esposa e também economista Rose Friedman (1910-2009).(195)

Ainda nesse mesmo período, David Friedman (1945-), filho de Milton e Rose, em seu livro mais importante, chamado "As Engrenagens da Liberdade", publicado na década de 70, levou às últimas consequências lógicas os argumentos libertários dos seus pais, ao defender a desestatização de todas as funções estatais e uma sociedade anarquista fundada sobre um sistema de livre mercado, onde as leis, a segurança e todos os atualmente considerados "serviços públicos" seriam fornecidos privadamente, onde os consumidores escolheriam aqueles que melhor prestassem tais serviços.(196)

Entre o fim do século XX e o começo do XXI, Patri Friedman (1976-), neto de Milton e filho de David, se destaca, dentro do libertarianismo, pela defesa de projetos alternativos que se contraponham a sociedade contemporânea, eivada de intervencionismo estatal em todos os setores. Sua análise político-econômica se foca na defesa de um sistema legal policêntrico que, diferentemente da proposta do seu pai, deve ser implantado em novas nações.(197) Um dos seus principais projetos é o Seasteading, que consiste na criação de cidades em

---

(195) GENNARI, Adilson Marques; OLIVEIRA, Roberson de. *História do Pensamento Econômico.* São Paulo: Saraiva, 2009. p. 326-327.

(196) FRIEDMAN, David D. *The Machinery of Freedom: Guide to a Radical Capitalism.* 2. ed. Chicago: Open Court, 1995. p. 267.

(197) FRIEDMAN, Patri. *Além do Ativismo Tribal.* Disponível em: <http://www.libertarianismo.org/index.php/artigos/alem-do-ativismo-tribal/>. Acesso em: 16 fev. 2022.

plataformas nos oceanos, longe da jurisdição dos Estados, onde todos os serviços serão privados.(198)

O fundamento ético que serviu de base para todas as ideias da família Friedman foi o utilitarismo. Seguindo essa tradição ética, tanto Milton e Rose, como David e Patri buscaram fornecer uma resposta satisfatória quanto a qual seria a melhor forma de organização societária e estrutura político-legal que promovesse o bem-estar do maior número de indivíduos em uma sociedade. Cada um deles ofereceu propostas distintas para essa questão, mas todas possuem em comum a defesa do mercado livre de intervenções governamentais como fomentador das liberdades individuais.

O argumento principal da família Friedman é que, apesar da esfera política e a econômica estarem intimamente relacionadas, cada uma opera de maneira bastante distinta da outra. Enquanto a primeira favorece a uniformização de ideias e ações, a segunda promove a diversidade e concorrência. É justamente por operarem sobre regras tão diferentes e gerarem consequências tão opostas, que a aplicação da lógica da esfera política na econômica tende a produzir situações perversas e indesejadas, e que uma esfera econômica livre tende a fortalecer as liberdades individuais.(199)

Conforme Milton Friedman assinala no primeiro capítulo de seu livro "Capitalismo e Liberdade":

---

(198) The Seasteading Institute. Disponível em: <http://www.seasteading.org/>. Acesso em: 16 de fev. 20200.

(199) SALLE, Corentin de. *A Tradição da Liberdade: Grandes Obras do Pensamento Liberal*. Tradução de Luís Humberto Teixeira. Lisboa: European Liberal Forum, 2010. p. 157.

> Geralmente se acredita que política e economia constituem territórios separados, apresentando pouquíssimas inter-relações; que a liberdade individual é um problema político e o bem-estar material, um problema econômico; e que qualquer tipo de organização política pode ser combinado com qualquer tipo de organização econômica. [...] A tese deste capítulo é que um tal ponto de vista é puramente ilusório; que existe uma relação íntima entre economia e política; que somente determinadas combinações de organizações econômicas e políticas são possíveis [...] A organização econômica desempenha um papel duplo na promoção de uma sociedade livre. De um lado, a liberdade econômica é parte da liberdade entendida em sentido mais amplo e, portanto, um fim em si própria. Em segundo lugar, a liberdade econômica é também um instrumento indispensável para a obtenção da liberdade política.([200])

Ao afirmar que o mercado livre é, ao mesmo tempo, expressão da liberdade humana e fonte geradora das demais liberdades, o que Milton está ressaltando é que, somente num ambiente onde a interferência externa não exista, os indivíduos são livres para buscarem o que acreditam ser a felicidade, que é um conceito subjetivo e, portanto, só pode ser definido pessoalmente. Assim sendo, liberdade corresponde à ausência de coerção. Onde há uma obrigação ou coerção, não há uma escolha moral e, consequentemente, não há exercício da liberdade individual.([201])

Essa definição de liberdade implica na necessidade de uma resposta clara sobre como os indivíduos poderão exercer na prática sua

---

([200]) FRIEDMAN. Milton. *Capitalism and Freedom.* 2. ed. Chicago: The University of Chicago, 1982. p. 15.

([201]) Id, Ibid. p. 18-19.

liberdade. Para a família Friedman, a condição fundamental para que a liberdade vigore é o direito de propriedade. Explica David Friedman em sua obra "As Engrenagens da Liberdade":

> Dois fatores tornam as instituições de propriedade necessárias. O primeiro é que pessoas diferentes buscam fins diferentes. Os fins podem ser diferentes porque as pessoas seguem seu autointeresse ou porque seguem visões diferentes de propósitos sagrados e superiores. Sejam eles santos ou sovinas, a lógica da situação é a mesma e continuará a mesma enquanto cada pessoa, observando a realidade do ângulo exclusivo da própria cabeça, ainda chegar a uma conclusão diferente sobre o que deve ser feito e como fazê-lo. O segundo fator é que algumas coisas são tão escassas que não podem ser usadas por todos tanto quanto cada um gostaria. Não podemos todos ter tudo que queremos. Portanto, em qualquer sociedade, deve haver alguma maneira de decidir quem pode usar o quê e quando. [...] O desejo de muitas pessoas usarem os mesmos recursos para fins diferentes é o problema essencial que faz as instituições de propriedade necessárias.(202)

Sem qualquer coerção, o indivíduo é livre para realizar por meio de suas propriedades as ações que imagina trazê-lo bem-estar e aproximá-lo da felicidade. Os problemas éticos que realmente interessam aqui são aqueles relativos à liberdade individual sendo exercida num ambiente sem intervenção ou numa sociedade livre. Afinal, sendo livres para realizar escolhas valorativas, as pessoas terão que

---

(202) FRIEDMAN, David D. *The Machinery of Freedom: Guide to a Radical Capitalism*. 2 ed. Chicago: Open Court, 1995. p. 7.

lidar eventualmente com o conflito de interesses que possa surgir com os demais quanto ao uso de certos bens.([203])

David aponta que, de forma geral, existem três maneiras de solucionar tais conflitos: pela violência, pela propriedade pública e pela propriedade privada. O primeiro método é o mais desastroso, porque impede completamente a organização social e, por consequência, destrói a liberdade e o progresso humano. O segundo consiste em regras de uso aplicadas a todos os usuários dos bens, onde geralmente um indivíduo necessita de autorização dos demais para utilizá-los. Por último, temos o método pelo qual um indivíduo tem exclusivamente o direito de usar determinados bens e, para utilizar os dos demais, precisa ou convencer o proprietário a liberar tal uso ou realizar uma troca voluntária de bens ou serviços.([204])

É justamente da noção de que, pelo modelo de propriedade privada, os indivíduos são mais livres, dada as alternativas, para escolher seus fins pessoais, que a família Friedman defende que o mercado é a expressão máxima da liberdade humana. Se desejarmos que a maioria dos indivíduos possa buscar a felicidade, é preciso garantir a estes sua liberdade, que só pode ser melhor expressada num ambiente livre, em especial no mercado.

Como expressa diretamente Milton Friedman:

> Fundamentalmente, só há dois meios de coordenar as atividades econômicas de milhões. Um é a direção central utilizando a coerção – a

([203]) FRIEDMAN. Milton. *Capitalism and Freedom*. 2. ed. Chicago: The University of Chicago, 1982. p. 18-19.

([204]) FRIEDMAN, David D. *The Machinery of Freedom: Guide to a Radical Capitalism*. 2 ed. Chicago: Open Court, 1995, p. 7.

> técnica do Exército e do Estado totalitário moderno. O outro é a cooperação voluntária dos indivíduos – a técnica do mercado. A possibilidade da coordenação, por meio de ação voluntária está baseada na proposição elementar de que ambas as partes de uma transação econômica se beneficiam dela, desde que a transação seja bilateralmente organizada e voluntária. A troca pode, portanto, tornar possível a coordenação sem a coerção. Um modelo funcional de uma sociedade organizada sobre uma base de troca voluntária é a economia livre da empresa privada – que denominamos, até aqui, de capitalismo competitivo.([205])

Compreendido isso, pode se perceber agora claramente que a diferença essencial entre as ideias dos membros da família Friedman consiste basicamente sobre em quais áreas da sociedade a técnica do mercado, da troca voluntária, é mais livre e eficaz do que a técnica política, da coerção. Assim, para Milton e Rose, a técnica política deveria ser usada quase que exclusivamente nos assuntos ligados a lei e segurança, dentre outros. Já para David, a técnica do mercado é superior em qualquer área a da política, incluindo segurança e justiça. Por fim, para Patri, apesar de concordar com David, não acredita na possibilidade de reverter a força da técnica política em sociedades em que esta já se faça presente em larga escala, sendo mais eficiente iniciar uma sociedade "do zero" usando a técnica do mercado.

([205]) FRIEDMAN. Milton. *Capitalism and Freedom.* 2 ed. Chicago: The University of Chicago, 1982. p. 19.

3.3.2.1. *Justificação econômica do utilitarismo libertário*

Ao contrário de libertários com outras convicções éticas, o compromisso do utilitarista com o libertarianismo é necessariamente contingente, na medida em que ele realmente acredita que o livre-mercado e a estrutura de organização social voluntária produzem níveis de utilidade social maiores do que um modelo com alguma ou muita coerção de origem estatal, o que significa, na prática, que o utilitarista libertário deve prover de maneira satisfatória uma justificação econômica que complemente a sua justificação ética.([206])

Para tal fim, duas grandes escolas econômicas procuram defender a ideia de que a liberdade de mercado é o melhor caminho para se alocar com eficiência os bens e serviços sociais.

3.3.2.1.1. *A escola austríaca de economia*

A tradição da Escola Austríaca foi iniciada com a publicação, em 1871, do livro "Princípios de Economia Política", de Carl Menger, e tem por objetivo explicar os fenômenos econômicos a partir de uma perspectiva humanista e interdisciplinar, dentro do contexto das ciências sociais([207]).

Para a Escola Austríaca, a economia está dentro de um conceito onde o que mais importa é a ação humana entendida como um processo

([206]) KYMLICKA, Will. *Filosofia Política Contemporânea: uma Introdução.* Trad. Luis Carlos Borges. São Paulo: Martins Fontes, 2006. p. 119.

([207]) IORIO, Ubiratan. *Ação, Tempo e Conhecimento: A Escola Austríaca de Economia.* São Paulo: Instituto Ludwig von Mises Brasil, 2011. p. 15.

dinâmico de escolhas que vão mudando no decurso do tempo, pois o homem está em eterna mudança de gostos e preferências([208]).

Esse homem, que busca sempre sair de um estado de menor conforto para um estado de melhor conforto, pratica suas escolhas através de suas preferências pessoais subjetivas, das quais ninguém conhece ao certo, impossibilitando previsões acerca do seu comportamento. Esse é um ser humano visto dentro da verdadeira realidade([209]).

Por isso, nada mais natural que haja erros empresariais puros, e tais erros, embora pudessem ser evitados, fazem parte do processo natural de tentativa e erro de se buscar uma melhor organização de bens e serviços que não poderia ser prevista de antemão, já que o conhecimento e a informação são subjetivos, estão dispersos na sociedade e alteram-se constantemente([210]).

Como tais informações são volúveis no tempo, não existe um modelo fechado de equilíbrio geral da oferta e demanda. No entanto, existe sim uma tendência de coordenação, dispersa no tempo e inalcançável, devido ao próprio comportamento humano([211]).

Ademais, o próprio produtor, e não apenas o consumidor, influi na criação de desejos e mercados. O modo como o mercado se comportará no futuro não depende apenas das preferências do consumidor, mas das preferências do produtor também, que sequer foram escolhidas ainda, motivo pelo qual a possibilidade de uma previsão específica é apenas um chute, e nada mais([212]).

([208]) DE SOTO, Jesus Huerta. *A Escola Austríaca: Mercado e Criatividade Empresarial.* São Paulo: Instituto Ludwig von Mises Brasil, 2010. p. 15.

([209]) Id, ibid. p. 15.

([210]) Id, ibid. p. 15.

([211]) Id, ibid. p. 16.

([212]) Idem.

Isto posto, a intervenção externa de um poder central na tentativa de buscar equilibrar um mercado que é caótico por sua própria natureza, embora tendente a uma coordenação projetada no tempo, apenas prejudicará o processo de aprendizagem dos atores de mercado, o *homo agens*[213], e resultará em uma diminuição da felicidade geral da sociedade, justificando assim o pensamento utilitarista.

3.3.2.1.2. *A escola neoclássica de economia*

De acordo com economia neoclássica, o direito de propriedade é essencial para que os agentes econômicos tenham estímulo para produzir com eficiência. Todas as decisões são racionalizadas em termos de custos e benefícios, e as informações podem sim ser conhecidas anteriormente à escolha econômica para fins de alocação relativamente perfeita dos recursos.

No entanto, existe sempre a possibilidade de haver um erro no cálculo econômico e não se chegar ao suposto equilíbrio perfeito, como, por exemplo, no caso do erro do analista econômico ou por concentração de mercado, o que poderia fazer necessária a atuação pontual do Estado na correção de uma falha, embora os libertários dessa corrente argumentem que essas intervenções gerariam falhas de governo maiores que as falhas de mercado em questão[214].

---

(213) Idem.

(214) Mises Institute (col.). *A posição das escolas austríaca, de Chicago, keynesiana e marxista em 17 questões econômicas*. Disponível em <http://www.mises.org.br/Article.aspx?id=1349>. Acesso em 16 fev. 2022.

3.4. Visão pluralista

Um dos maiores desafios que se apresenta no mundo contemporâneo é quanto às consequências sociais, políticas, éticas e econômicas do atual estágio da globalização que, por meio das intensas e cada vez mais frequentes relações entre indivíduos de culturas distintas, tem gerado incertezas profundas sobre o futuro da humanidade.

São muitos os intelectuais das mais diversas áreas que buscam compreender as causas dos embates contemporâneos e propor soluções sobre como uma sociedade, cada vez mais pluralista em costumes, ideias e noções de moralidade, pode se sustentar, a longo prazo, sem irromper irremediavelmente em conflitos insuperáveis entre grupos sociais e étnicos tão distintos.([215])

Pode se afirmar que o primeiro teórico do século XX a se dedicar a esse tema, buscando estabelecer bases éticas, jurídicas e políticas que permitissem que uma sociedade pluralista existisse de forma harmoniosa e ordenada, destacando-se que em vertente não libertária, foi o jurista americano John Rawls, em suas obras "Uma Teoria da Justiça"([216]) e "O Liberalismo Político"([217]). De fato, o objetivo do trabalho de Rawls é garantir, por meio de uma ética que sirva de guia para as instituições políticas, que o pluralismo entre os indivíduos de

---

([215]) TAYLOR, Charles. *Multiculturalismo: Examinando a Política de Reconhecimento*. Trad. Marta Machado. Lisboa: Instituto Piaget, 1998. p. 194

([216]) RAWLS, John. *Uma Teoria da Justiça*. Trad. Almiro Pisseta e Lenita M. R. Esteves. São Paulo: Martins Fontes, 1997. 709 p.

([217]) RAWLS, John. *O Liberalismo Político*. Tradução de Dinah de Abreu Azevedo. São Paulo: Ática, 2000. 431p.

uma sociedade produza os resultados mais benéficos possíveis para todos.([218])

Em sentido contrário, cabe assinalar que alguns intelectuais defendem que a "guerra" entre culturas distintas é inevitável e que a globalização simplesmente acirrou essa modalidade de conflito. Em resumo, eles acreditam que a luta pela "hegemonia cultural" entre civilizações é o parâmetro base dos principais choques entre sociedades neste século, e é impossível buscar a coexistência entre culturas com naturezas morais tão diferentes. Um dos principais representantes dessa linha de interpretação sobre a globalização e os conflitos culturais numa sociedade é o cientista político americano Samuel P. Huntington, cuja obra fundamental é "O Choque de Civilizações e a Recomposição da Ordem Mundial".([219])

Há ainda outro grupo de teóricos que entende que, independente das diferenças culturais existentes e suas naturezas éticas distintas, determinados direitos, considerados essenciais ao ser humano, devem ser assegurados por todos os estados nacionais aos seus respectivos povos. Essa posição intelectual ganhou força especialmente após o período pós Segunda Guerra Mundial e a criação da ONU, que por meio da Declaração Universal dos Direitos Humanos lançou internacionalmente um rol de direitos que deveriam ser resguardados por todos os países integrantes das Nações Unidas. O jusfilósofo italiano Norberto Bobbio, em seu livro "A Era dos Direitos", é um dos

---

([218]) NERI, Demetrio. *Filosofia Moral: Manual Introdutivo*. Trad. Orlando Soares Moreira. São Paulo: Loyola, 2004. p. 216.

([219]) HUNTINGTON, Samuel P. *O Choque de Civilizações e a Recomposição da Ordem Mundial*. Trad. M. H. C. Côrtes. Rio de Janeiro: Objetiva, 1997. 455 p.

expoentes mais conhecidos dentre esses intelectuais a defender essa linha de raciocínio.(220)

Independente de qual abordagem teórica se mostre a mais plausível ou correta diante dos fatos presenciados por conta do processo de globalização, atualmente é inegável que as questões envolvendo tolerância cultural e respeito aos direitos humanos são os temas mais importantes do século XXI. Portanto, buscar respostas para os dilemas que se apresentam quanto a esses aspectos é um imperativo intelectual fundamental.

3.4.1. Randy Barnett e a ética pluralista

Entre os teóricos libertários, Randy Barnett (1952-) é um autor que se destaca pela sua abordagem ética única para fundamentar sua análise política e jurídica libertária. Abandonando a dicotomia ética entre deontologistas e utilitaristas, Barnett busca defender em sua obra "The Structure of Liberty: Justice and the Rule of Law" que um sistema legal policêntrico, estruturado de forma tal que independa de um fundamento ético fechado e global, favorece a liberdade individual e a propriedade privada, e consequentemente o livre mercado e uma sociedade pluralista.(221)

O objetivo de Barnett, portanto, é demonstrar que o libertarianismo não precede de um tipo exclusivo de base ética, mas somente

---

(220) BOBBIO, Noberto. *A Era dos Direitos*. Trad. Carlos Nelson Coutinho. Rio de Janeiro: Campus, 1992. 221 p.

(221) BARNETT, Randy E. *The Structure of Liberty: Justice and The Rule of Law*. Oxford: Clarendon Press, 1998. 328 p.

de uma estrutura normativa que, se adequando aos costumes e culturas distintas dentro de uma comunidade, permita que os direitos individuais sejam protegidos e o desenvolvimento da sociedade como um todo seja possível.

Essa abordagem pluralista parte de uma visão crítica sobre a improbabilidade de toda uma sociedade adotar uma ética amplamente aceita entre os seus membros. Justamente por isso, Barnett, ao contrário dos demais teóricos do libertarianismo, opta por ignorar qual ética promoveria uma maior liberdade individual e bem-estar geral, preferindo se focar nas causas principais dos problemas humanos e, com base nessa análise, propor quais os elementos jurídicos essenciais para que, independente do fundo ético de uma sociedade, a liberdade e a propriedade sejam favorecidas.

Nesse aspecto, Barnett compara as normas legais de uma sociedade com um edifício, cuja estrutura pode tanto favorecer a circulação dos indivíduos para que estes busquem determinados fins dentro do "prédio" como criar obstáculos a essa busca com a ausência de "elevadores", "escadas" e "portas" que facilitem a locomoção entre "andares", além de outras barreiras que impeçam qualquer tipo de transição.([222])

> Como um edifício, toda sociedade tem uma estrutura que, ao restringir as ações dos seus membros, os permite ao mesmo tempo agir para atingir seus próprios fins. Sem qualquer tipo de estrutura, o caos reinaria e a população atual não seria sustentável. Mas nem todas as "estruturas sociais" são as mesmas. Como edifícios mal concebidos, alguns impõem

([222]) Id, Ibid. p. 1-2.

> restrições sobre a ação individual que inibem ao invés de facilitar a capacidade das pessoas para sobreviver ou prosperar. Outros são mais capazes de adaptar a natureza dessas restrições para facilitar, entre os seus habitantes, a busca pela felicidade.(223)

Não se trata assim de propor toda uma teoria ética libertária unificada que sirva de substrato para um código de normas legais, mas seguir justamente o caminho inverso: estabelecer quais os princípios fundamentais que um sistema legal deve se fundamentar para que, de forma autônoma a ética seguida por um indivíduo ou um grupo, a liberdade humana prospere numa sociedade pacífica.(224)

A hipótese central da análise de Barnett é que toda sociedade almeja, em maior ou menor grau, ser "pacífica, cooperativa e próspera"(225). Em face disso, o autor destaca três problemas principais que toda estrutura normativa deve tentar solucionar para atingir os fins desejados: os problemas do conhecimento, do interesse e do poder. A forma como estes problemas podem ser resolvidos é com a adoção de determinados direitos.(226)

Os problemas do conhecimento que Barnett explora são três: o do uso de recursos numa sociedade, o da noção de justiça que preserve as normas de uso desses bens e o das convenções sociais condizentes com essa noção de justiça. Resumidamente, o autor busca demonstrar que toda sociedade precisa lidar com a questão do uso

(223) Id, Ibid. p. 2-3.

(224) Id, Ibid. p. 3.

(225) HALLIDAY, Roy. *The Structure of Liberty by Randy Barnett*. Disponível em: <http://www.freenation.org/a/f64h4.html>. Acesso em 16 fev. 2022.

(226) BARNETT, Randy E. *Op. Cit.* p. 3.

do conhecimento, ou seja, a forma pela qual os indivíduos tomarão decisões num ambiente social e como essas escolhas afetarão os demais. O foco especial dessa análise reside em descobrir a melhor forma de utilização dos recursos físicos existentes, como o próprio corpo do indivíduo e os bens materiais externos, dos quais se busca extrair quais as noções de justiça que advém dessas regras de uso e, por fim, quais as regras de conduta consideradas condizentes com o senso de justiça da sociedade.([227])

Por sua vez, os problemas de interesse são aqueles relativos às ponderações e as escolhas de ações que acreditam servir aos seus próprios interesses. Nas palavras de Barnett, "as pessoas tendem a tentar satisfazer as suas preferências subjetivas"([228]). Um desses problemas é a parcialidade, ou seja, o fato de que nossos julgamentos visam a satisfazer exclusivamente nossos interesses ou dos que nos são próximos em detrimento dos demais.([229]) Outro é a questão do incentivo, que se traduz pela análise do custo/benefício de se escolher uma ação em detrimento das demais opções existentes. Por fim, o terceiro problema é o da conformidade, que se observa quando a busca pela satisfação pessoal mais o incentivo a tomar determinada ação alimenta o desejo individual de se apropriar de bens pertencentes a outros, ignorando as noções de justiça.([230])

Temos ainda os problemas do poder, quais são os da coerção legal usada erroneamente em certas circunstâncias, que implica em consequências indesejadas sobre os problemas do conhecimento e

---

([227]) Id, Ibid. p. 29-134.

([228]) Id, Ibid. p. 132.

([229]) Id, Ibid. p. 134.

([230]) Id, Ibid. p. 135-196.

do interesse, e o do abuso da coerção, que está intimamente ligada ao problema do interesse só que voltada ao âmbito da aplicação da justiça. No primeiro tipo, a preocupação gira em torno dos custos em direitos que os erros judiciais e processuais causam nos indivíduos. No segundo, o risco concentra-se quando o indivíduo responsável pela aplicação imparcial da justiça utiliza-se do cargo para favorecer seus interesses ou de certas partes.([231])

Após uma análise extensiva de todos esses problemas comuns a qualquer sociedade, Barnett extrai seis princípios de justiça que, dentre os possíveis existentes para resolvê-los, se mostram os mais adequados para compor uma estrutura normativa que facilite a busca harmoniosa dos indivíduos dentro de uma sociedade para atingir seus fins particulares. São eles:

1. O direito de propriedade dos indivíduos específica o direito de adquirir, possuir, usar, e dispor de recursos físicos escassos — incluindo seus próprios corpos. Os recursos podem ser utilizados de qualquer forma que não interfira fisicamente em como outras pessoas usam e gozam de seus próprios recursos. Enquanto a maioria dos direitos de propriedade são livremente alienáveis, o direito a uma pessoa é inalienável.

2. O direito do primeiro possuidor especifica que os direitos de propriedade aos recursos sem dono são adquiridos pelo primeiro a estabelecer o controle sobre eles e exprimir sua reinvindicação sobre os mesmos.

([231]) Id, Ibid. p. 197-256.

3. O direito a liberdade de contrato especifica que o consentimento do titular do direito é ao mesmo tempo necessário (liberdade de firmar contrato) e suficiente (liberdade para firmar contrato) para transferir direitos de propriedade alienáveis — tanto durante sua vida e, usando de sua vontade, após sua morte. A manifestação de concordância é normalmente necessária a menos que uma das partes tenha acesso a outra intenção subjetiva.

4. Violar esses direitos pela força ou por fraude é injusto.

5. O direito de restituição exige que aquele que viola os direitos que definem a justiça deve compensar a vítima dos direitos violados pelos danos causados pela injustiça, e essa compensação pode ser recolhida pela força, caso necessário.

6. O direito de autodefesa autoriza o uso da força contra aqueles que comunicam uma ameaça crível para violar os direitos de outros.([232])

Barnett conclui que obedecendo a esses seis princípios normativos basilares e optando por uma estrutura político-legal fortemente descentralizada e amplamente voluntária quanto às filiações dos indivíduos, uma sociedade libertária precede de um fundamento ético particular, sendo capaz de abarcar as mais diferentes culturas e valores distintos e ao mesmo tempo permiti que a sociedade e os indivíduos progridam em paz([233]).

([232]) Id, Ibid. p. 190.

([233]) Id, Ibid. p. 284-296.

4.

DIREITO LIBERTÁRIO

O agir humano consiste em escolher determinados meios, dentre os possíveis de serem utilizados, para alcançar determinados fins estipulados pela própria pessoa. Em resumo, na clara conceituação dada por Mises, "ação significa o emprego de meios para atingir fins".[234]

Para a ciência praxeológica, o que motiva o agir no ser humano "é sempre algum desconforto"([235]), sendo, portanto, a ação a forma pelo qual o indivíduo busca atingir um nível maior de satisfação do que o atual. Conforme explica Rothbard:

> [...] a praxeologia e a economia, assim como a filosofia utilitária da qual esta ciência tem sido uma forte aliada, tratam "felicidade" no sentido puramente formal como a satisfação daqueles fins que as pessoas — por qualquer razão — posicionaram mais altamente em suas escalas de valor. A satisfação destes fins concede ao homem sua "utilidade",

---

([234]) VON MISES, Ludwig. *Ação Humana*. Trad. Donald Stewart Jr. São Paulo: Instituto Ludwig von Mises Brasil, 2010. p. 35-37.

([235]) Id, Ibid. p. 38.

"satisfação" ou "felicidade". O valor, no sentido da avaliação ou utilidade, é puramente subjetivo, e determinado por cada indivíduo.([236])

De forma geral, para satisfazer suas vontades primárias, especialmente as fisiológicas, o indivíduo precisa se apropriar de bens externos. Para tanto, ele pode escolher duas maneiras de apropriação: a pacífica e a coercitiva. Na pacífica, ele pode obter para si bens que não tenham donos ou adquirir, por meio de um processo de troca, aqueles que pertencem a outros. Já na coercitiva, o indivíduo se utiliza da força ou ameaça de coerção para possuir bens que pertençam legitimamente a outras pessoas. O sociólogo alemão Franz Oppenheimer (1864-1943) definiu estas duas formas pelos quais os homens tratam de satisfazer suas necessidades, respectivamente, de "meio econômico" e "meio político".([237])

Quando dois ou mais indivíduos interagem, eles podem tanto escolher, a depender da situação, entre agir cooperativamente ou competitivamente. Assim sendo, eles podem cooperar um com o outro, visando atingir de maneira mutuamente benéfica certos fins, ou competir entre si, o que implica que, mesmo que ambicionem os mesmos fins, para um se beneficiar o outro terá que ser excluído.([238]) A sociedade é o maior produto direto da soma desses tipos de interações humanas.([239])

([236]) ROTHBARD, Murray N. *A Ética da Liberdade*. Trad. Fernando Fiori Chiocca. São Paulo: Instituto Ludwig von Mises Brasil, 2010. p. 66.

([237]) Id, Ibid. p. 108

([238]) CAVALIERI FILHO, Sérgio. *Programa de Sociologia Jurídica*. Rio de Janeiro: Forense, 2007. p. 12-13.

([239]) Id, Ibid. p. 13.

Segundo assinala Mises:

> As ações que deram origem à cooperação social, e que diariamente se renovam, visavam apenas à cooperação e à ajuda mútua, a fim de atingir objetivos específicos e individuais. Esse complexo de relações mútuas criadas por tais ações concertadas é o que se denomina sociedade. [...] Sociedade é divisão de trabalho e combinação de esforços.([240])

Também nesse sentido afirma Maria Helena Diniz:

> O homem é um ser gregário por natureza, é um ser eminentemente social, não só pelo instinto sociável, mas também por força de sua inteligência que lhe demonstra que é melhor viverem sociedade para atingir seus objetivos.([241])

Ao se relacionarem, as pessoas iniciam um processo de tentativa e erro, onde selecionam determinados meios que lhes parecem mais úteis e eficazes para alcançar certas finalidades, sejam estas particulares ou comuns. Esses processos podem ser chamados de ordens, as quais se dividem entre aquelas que são criadas intencionalmente para um fim e aquelas que emergem espontaneamente sem um fim conhecido. ([242]) O conjunto de regras sociais ou normas de conduta que emergem

---

([240]) MISES, Ludwig von. *Op. Cit.* p. 183.

([241]) DINIZ, 1989 apud SIQUEIRA JR, Paulo Hamilton. *Teoria do Direito.* São Paulo: Saraiva, 2012. p. 215.

([242]) HAYEK, Friedrich A. *Direito, Legislação e Liberdade: Uma Nova Formulação dos Princípios Liberais de Justiça e Economia Política.* Vol. I. Trad. Henry Maksoud. São Paulo: Visão, 1985. p. 35-36.

desse processo de seleção natural que ocorre no âmbito da sociedade é denominado de cultura.([243]) Por sua vez, os importantes elementos que compõem toda e qualquer cultura humana são chamados de instituições.

4.1. Instituições e organizações: origens e desenvolvimento

Para o libertarianismo, a sociedade é formada por um conjunto de instituições, produto das ações não intencionais dos indivíduos, e cuja manutenção e desenvolvimento promove benefícios a todos. Exemplos típicos de instituições são a linguagem e o dinheiro, ambos não tendo sido criados por um indivíduo ou grupo em particular, mas cuja aceitação foi generalizada e compartilhada por todos ou pela maioria dos membros de um corpo social.([244])

De acordo com Ricardo Feijó:

> Se as instituições orgânicas são "não intencionais" significa, é claro, uma certa não transparência dos processos sociais para os indivíduos já que eles desconhecem tudo o que possa advir de suas ações particulares combinadas com as ações dos demais membros da sociedade. [...] No momento em que o indivíduo age, elas ainda não existem e a sua consolidação enquanto instituição dependerá de ações específicas desencadeadas ao longo do tempo por muitos outros indivíduos que poderão sancionar ou não a emergência de certas instituições.([245])

([243]) Id, Ibid. p. 13-16.

([244]) FEIJÓ, Ricardo. *Economia e Filosofia na Escola Austríaca: Menger, Mises e Hayek*. São Paulo: Nobel, 2000. p. 25.

([245]) Id, Ibid. p. 25.

Quando uma instituição se generaliza, incorporando na prática um grande número de indivíduos, sua utilidade para cada um deles cresce. Observemos o caso do dinheiro: quanto mais pessoas aceitarem um mesmo tipo de moeda, maior será sua liquidez e utilidade. Dessa forma, o aumento de indivíduos participantes de uma instituição multiplica o número de ligações entre diferentes indivíduos o que aumenta, por sua vez, as possibilidades de cada um para atingir seus próprios fins.

Para Hayek, as instituições sociais "não só não foram criadas por nenhuma mente, como sua preservação e funcionamento dependem das ações das pessoas que não estão motivadas pelos desejos de preservá-lo".([246]) Isso não significa, contudo, que as instituições carecem de utilidade já que "as instituições que se desenvolveram espontaneamente são úteis porque foram as condições sobre as quais se baseou o desenvolvimento humano".([247])

Portanto, na visão libertária, as instituições são caracterizadas por três elementos: a ausência de autoria ou mente criadora concreta; contínua evolução descentralizada das mesmas por meio do mecanismo de tentativa e erro, e a utilidade que lhe atribuem seus participantes.

Com base nesses três elementos podemos deduzir a condição necessária conforme Hayek para uma sociedade livre: a ausência de um fim universal que restrinja os fins particulares. A grandeza das instituições reside em que não tenham sido projetadas por indivíduo algum e, portanto, não estão limitadas por uma finalidade prévia.

([246]) HAYEK, Friedrich. *The Counter-Revolution of Science.* Glencoe: Free Press, 1955. p. 84.

([247]) Id, Ibid. p. 83.

Por outro lado, são tremendamente flexíveis para que cada indivíduo as adapte aos seus próprios fins sem, por conta disso, prejudicar os interesses alheios.

Em outros termos, as instituições permitem um grau elevado de certeza sobre o rumo de nossas próprias ações. Um só indivíduo não pode usar a instituição como meio de agressão contra outro indivíduo([248]), nem tampouco pode, por meio da própria instituição, modificá-la abruptamente([249]). Desta maneira, podemos assinalar dois novos elementos característicos das instituições, que não são nada mais do que desdobramentos lógicos dos três anteriores: a voluntariedade e a estabilidade.

Conforme Bruno Leoni:

> Um aspecto característico de todos esses processos é o de que são realizados através da colaboração voluntária de um número enorme de indivíduos, cada um dos quais tendo uma parte no próprio processo, de acordo com sua disposição e sua habilidade para manter ou mesmo modificar a presente condição das questões econômicas, da língua, da moda etc.([250])

Uma "instituição" coercitiva não pode assim ser considerada uma instituição porque consolida comportamentos considerados "inúteis" (violando assim o terceiro elemento que lhe é característico).

([248]) LEONI, Bruno. *Liberdade e a Lei: Os Limites entre a Representação e o Poder*. Trad. Rosélis Maria Pereira e Diana Nogueira. São Paulo: Instituto Ludwig von Mises, 2010. p. 24.

([249]) Id, Ibid. p. 91-92.

([250]) Id, Ibid. p.151.

Por consequência, quando um indivíduo impõe sua vontade aos demais provoca inevitavelmente uma perda em sua utilidade. Essa consolidação dos comportamentos "inúteis" provoca a estagnação da instituição e a paralização do seu característico processo de tentativa e erro. A coerção permite consolidar instituições que deveriam ter desaparecido ou adotarem uma forma totalmente diferente.([251])

Como toda instituição é produto das consequências não intencionais das ações individuais, a ação que é modificada, ao deixar de participar ou reconhecer uma instituição, provoca também mudanças necessárias para que a instituição melhore ou seja restringida. Importante notar que, embora a influência da ação de cada indivíduo tenha repercussões sobre a instituição, nenhuma influência individual é grande o suficiente para gerar mudanças bruscas na mesma.([252])

Outro elemento essencial das instituições é a capacidade de autocorreção. Ao afirmamos que estas surgem de maneira não intencional de um processo de ações humanas, também devemos considerar que estas ações contenham a possibilidade de erro. Assim, se os indivíduos podem falhar ao usarem certo meio para atingir certo fim, isso significa que o produto destas ações, as instituições, também podem ser falhas e gerar erros, não contribuindo para o bem-estar de todos. ([253]) Contudo, como a instituição depende da participação ativa dos indivíduos no seu uso, se esses deixarem de utilizá-la, restará à instituição ou se modificar para atrair novos usuários ou se extinguir.

([251]) HAYEK, Friedrich A. *Direito, Legislação e Liberdade: Uma Nova Formulação dos Princípios Liberais de Justiça e Economia Política.* Vol. I. Trad. Henry Maksoud. São Paulo: Visão, 1985. p. 46-48.

([252]) Id, Ibid. p. 48.

([253]) Id, Ibid. p. 50-53.

Até o momento, nos focamos nas chamadas "instituições orgânicas". Há uma forte divergência entre intelectuais sobre se podemos denominar as organizações criadas deliberadamente pela mente humana, que mantém regras específicas visando um fim determinado, de "instituições". De acordo com as características que traçamos anteriormente, a resposta para os representantes do pensamento libertário seria não.([254])

Conforme Hayek:

> A ordem feita, a que já nos referimos como uma ordem exógena ou uma ordenação, pode ainda ser designada como uma construção, uma ordem artificial ou, especialmente quando estamos tratando de uma ordem social dirigida, como uma organização. [...] Essas ordens são relativamente simples ou, pelo menos, limitam-se necessariamente a graus de complexidade moderados o bastante para que seu criador seja ainda capaz de apreendê-los; geralmente são concretas no sentido acima referido de poder sua existência ser intuitivamente percebida pela observação; e, por fim, como resultam de criação intencional, servem invariavelmente (ou serviram em determinada ocasião) a um propósito de seu criador.([255])

Portanto, com base no explanado, uma das organizações que não se enquadrariam como instituição é o Estado. Evidente que não ser uma instituição na análise libertária não implica consequentemente

([254]) FEIJÓ, Ricardo. *Op. Cit*. p. 25-28.

([255]) HAYEK, Friedrich A. *Direito, Legislação e Liberdade: Uma Nova Formulação dos Princípios Liberais de Justiça e Economia Política.* Vol. I. Trad. Henry Maksoud. São Paulo: Visão, 1985. p. 38-40.

que esta organização não é necessária. Apenas se busca ressaltar que, primeiramente, as leis e a estrutura estatal são produto de um planejamento deliberado com um fim previsto, o que fica nítido pela presença, em geral, de uma Constituição escrita; segundo, porque o Estado paralisa a evolução espontânea de tentativa e erro e não se autocorrige; terceiro, porque a ausência de voluntariedade implica, em muitos casos (como é o caso da tributação), numa diminuição de sua utilidade; quarto, porque o Estado carrega em si mesmo a lógica planejadora que lhe permite mudar unilateralmente com bases em sua conveniência; e quinto, porque, em resumo, costuma promover mais descoordenação social do que o oposto, além de estabelecer um fim comum traçado pelos governantes aos membros de uma sociedade.(256)

Entendido isto, podemos agora abordar uma das mais importantes desavenças entre os teóricos da filosofia libertária: o direito, compreendido como o conjunto de normas legais de uma sociedade.

4.2. Ética e direito libertário

Até aqui foram apresentados os fundamentos e motivações por trás da cooperação humana, da sociedade e das instituições que a compõem. Também foi mostrado como as relações humanas necessitam de uma ética que estabeleça quais condutas são aceitáveis ou não, tanto de um indivíduo para com outro como de um indivíduo para com a ordem social.

---

(256) Id, Ibid. p. 50-59.

Segundo Hans Kelsen:

> A função de toda ordem social, de toda sociedade [...] é motivar certa conduta recíproca dos seres humanos: fazer com que eles se abstenham de certos atos que, por alguma razão, são considerados nocivos à sociedade, e fazer com que executem outros que, por alguma razão, são considerados úteis a sociedade.([257])

A ética busca estabelecer quais são essas condutas que devemos manter para conduzirmos nossas vidas de maneira boa e justa, sendo, de acordo com a classificação aristotélica, um saber prático, mais precisamente uma filosofia moral([258]).

A moralidade pode ser vista a partir de cinco critérios: como a busca de uma vida boa; como cumprimento de um dever; como aptidão para a solução pacífica de conflitos; como ajustamento à tradição da própria comunidade ou como desenvolvimento que culmina em princípios universalistas([259]).

A ética libertária pode ser classificada de várias formas, de acordo com a corrente observada e da proposta de maximização da liberdade individual. As correntes deontológicas e utilitaristas se preocupam primeiramente com a busca de uma vida boa, assim entendia como o projeto individual do ser humano. A corrente dialogal-argumentativa busca primeiramente a solução pacífica de conflitos. A corrente

---

([257]) KELSEN, Hans. *Teoria Geral do Direito e do Estado.* 3. ed. Trad. Luís Carlos Borges. São Paulo: Martins Fontes, 1998. p. 21.

([258])) CORTINA, Adele & MARTINEZ, Emílio. *Ética.* São Paulo: Loyola, 2005. p. 13.

([259])) Id, Ibid. p. 38.

pluralista, como se sugere entende a moral de maneira bastante ampla. Todas, de um modo geral, entendem também que o desenvolvimento da moral culmina em princípios universalistas, mais precisamente o princípio da liberdade individual.

Embora a filosofia moral busque prescrever condutas e orientar atos, ela possui um papel específico que não é suficiente para impor uma ordem social, dada a divergência de projetos e visões morais e a falta de uma obrigatoriedade externa. A filosofia moral então busca, através dos seus preceitos, influenciar outras normas práticas, a saber: as legais ou jurídicas, as sociais, e as religiosas(260).

Outras normas também impõem algum tipo de obrigatoriedade externa, e a mais eficiente é, sem dúvida, a norma jurídica, dado o seu caráter coercitivo, embora sem a vocação para ser a última instância de orientação da ação ou ter caráter de universalidade e eternidade como tem a norma moral, pois o direito muda de acordo com o tempo e o espaço e a moral segue o indivíduo(261). Assim as normas jurídicas se mostram obrigatórias porque os indivíduos são compelidos a cumpri-las sob o risco de sofrerem uma punição.

No âmbito do libertarianismo, o direito não é estabelecido unicamente para assinalar a atuação de cada um no vasto campo das relações sociais, nem para pôr limites a certas tendências prejudiciais de alguns, e nem somente para informar quais são os atos sociais permitidos e proibidos. Em suma, o direito não é um mal necessário.(262) Ele também é um sistema eficaz que influencia decisivamente na

(260)) Id, Ibid. p. 46.

(261) Id, Ibid. p. 42.

(262) BASTIAT, Frédéric. *A Lei*. Trad. Ronaldo da Silva Legey. São Paulo: Instituto Ludwig von Mises Brasil, 2010. p. 26.

conduta individual, podendo ajudá-la ou atrapalhá-la a alcançar os fins mais elevados da existência humana. O respeito às normas jurídicas justas permite aos seres humanos atingir, mediante o exercício de sua própria liberdade, uma vida virtuosa, a qual está ajustada ao direito.([263])

Justamente por isso é essencial que o direito em voga numa sociedade seja o mais próximo possível condizente com os preceitos da justiça, ou seja, que permita a cada um usufruir de sua liberdade para, sem prejudicar outros, alcançar seus próprios fins. O dilema que se apresenta é que, enquanto para alguns teóricos libertários o direito é uma instituição e, portanto, as normas que o compõe são fruto espontâneo das interações sociais ao longo do tempo([264]), para outros, as normas legais que regem o corpo social podem ser deduzidas racionalmente visando favorecer a liberdade individual, o desenvolvimento social e o bem comum.([265])

Outro ponto controvertido na filosofia libertária, que é relativamente independente da posição anterior, reside quanto a quem caberia a aplicação desse direito na sociedade. Assim, mesmo que um libertário acredite que o direito é uma instituição, ele pode defender que sua aplicação se dê por um organismo monopolista chamado Estado.([266])

Igualmente e em sentido oposto, um libertário também pode defender que o direito, apesar de ser a mera conversão em normas

---

([263]) Id, Ibid. p. 11-12

([264]) V. ponto 4.1. do presente trabalho.

([265]) V. ponto 3 do presente trabalho.

([266]) Friedrich Hayek é o principal representante desse grupo. Recomenda-se os três volumes de sua obra "*Direito, Legislação e Liberdade*", já citado.

legais de normas éticas válidas, as quais são extraídas de um processo racional de observância da natureza humana, deve ser aplicado por organizações não-monopolísticas e de livre associação, numa espécie de modelo legal policêntrico voluntário.([267])

Assim então, temos duas possibilidades possíveis: ou o direito surge espontaneamente (de baixo para cima) ou de maneira construtivista (de cima pra baixo). O primeiro corresponde a uma ordem policêntrica (*kosmos*), isto é, múltiplas jurisdições que se relacionam e competem entre si, dando lugar a normas comuns e regionais de caráter consuetudinário. O segundo, por sua vez, é uma organização monocêntrica (*taxis*) onde um único poder de caráter superior dita normas coercitivas com a pretensão de coordenar os indivíduos.([268]) A diferença, consequentemente, não está necessariamente no uso da violência, mas em como as normas surgem.([269]) Convenções e costumes por um lado, legislação e regulamentos por outro.

4.3. Sistema legal monocêntrico

Uma organização jurídica monocêntrica corresponde a uma pessoa ou entidade que detenha o poder único sobre diversos indivíduos, ou

---

([267]) Murray Rothbard, apesar de defender uma ética racionalmente objetiva que servirá de fundamento do direito, acredita que este deva ser aplicado por agências similares as de arbitragem, sem o envolvimento de nenhum poder central de coerção semelhante ao Estado. Recomenda-se a obra "*A Ética da Liberdade*", já citado.

([268]) HAYEK, Friedrich A. *Direito, Legislação e Liberdade: Uma Nova Formulação dos Princípios Liberais de Justiça e Economia Política.* Vol. I. Trad. Henry Maksoud. São Paulo: Visão, 1985. p. 38.

([269]) Id, Ibid. p. 50-55.

seja, o órgão jurisdicional será um ente ou pessoa com características especiais, responsável por tomar as decisões finais sobre todas as propriedades e indivíduos que se encontram dentro de um território delimitado, o qual se denomina jurisdição.([270])

Importante notar que o organismo jurisdicional pode adotar uma variedade grande de formas: um único indivíduo, vários indivíduos, ou uma assembleia, exercerão o poder sobre a totalidade das pessoas, as quais são automaticamente objeto da jurisdição desse organismo sempre que não exista o direito a secessão individual.([271]) Chamaremos esse órgão jurisdicional de Estado. Na definição de Weber, "o Estado é uma associação que pretende o monopólio do uso legítimo da violência".([272])

O objeto central do libertarianismo sempre consistiu em preservar a autonomia individual do melhor modo possível. A forma pelo qual isso ocorre é secundária. O libertário aceitará o procedimento que melhor alcance este objetivo, ou seja, que faça os direitos das pessoas serem respeitados. Os libertários que pensam que se deve outorgar o monopólio da força ao aparato político, de forma geral, o fazem de malgrado. Acreditam ser um inconveniente que consideram necessário até quando não se apresente uma melhor alternativa.([273])

([270]) VON MISES, Ludwig. *Liberalismo Segundo a Tradição Clássica*. Trad. Haydn Coutinho Pimenta. São Paulo: Instituto Ludwig von Mises Brasil, 2010. p. 64.

([271]) Id, Ibid. p. 137.

([272]) WEBER, Max. *Textos Selecionados*. Trad. Maurício Tragtenberg, Waltensir Dutra, Calógeras A. Pajuaba, M. Irene de Q. F. Szmrecsányi e Tamás J. M. K. Szmrecsányi. São Paulo: Nova Cultural. 1997. p. 14.

([273]) Thomas Paine afirmou que "a sociedade em qualquer caso é uma benção, mas o governo, ainda que o melhor, não é mais que um mal necessário e, no

O libertário sempre desconfia do poder. Quando afirmamos que, para os libertários, o meio de preservar as autonomias individuais é secundário estamos falando no sentido de que simplesmente estes escolherão o meio que seja mais eficaz para atingir este propósito. É a crença de que os meios estão subordinados aos fins. Dessa forma, se evita que se considere o meio escolhido um fim em si mesmo. É por isso que nem mesmo sob um sistema democrático de governo os libertários deixam de se preocupar com o uso do poder. Bastiat expressou bem esse temor:

> Infelizmente, a lei nem sempre se mantém dentro de seus limites próprios. Às vezes os ultrapassa, com consequências pouco defensáveis e danosas. E o que aconteceu quando a aplicaram para destruir a justiça, que ela deveria salvaguardar. Limitou e destruiu direitos que, por missão, deveria respeitar. Colocou a força coletiva a disposição de inescrupulosos que desejavam, sem risco, explorar a pessoa, a liberdade e a propriedade alheia. Converteu a legítima defesa em crime para punir a legítima defesa. [...] Até então a espoliação legal era exercida por um pequeno número de pessoas sobre as demais. É assim que se observa entre os povos cujo direito de legislar está concentrado em algumas mãos. Mas, uma vez tornado universal, busca-se o equilíbrio na espoliação universal.(274)

---

pior dos casos, é intolerável [...]", *Common Sense* In: *Writings of Thomas Paine*. New York: New American Library, 1969. p. 24.

(274) BASTIAT, Frédéric. *A Lei*. Tradução de Ronaldo da Silva Legey. São Paulo: Instituto Ludwig von Mises Brasil, 2010. p. 13-15.

No mesmo sentido, assinala Tocqueville:

> Eu tinha notado, durante minha estada nos Estados Unidos, que um estado social democrático semelhante ao dos americanos poderia proporcionar facilidades singulares ao estabelecimento do despotismo e, ao retornar à Europa, vira como a maioria de nossos príncipes já se tinham servido das ideias, dos sentimentos e das necessidades que esse mesmo estado social fazia nascer para ampliar o círculo do seu poder.(275)

As contribuições de liberais e libertários no decorrer dos séculos são de grande proveito enquanto o poder político se mantém dentro de áreas de atuação bem reduzidas. Eles aceitam o Estado como o único meio viável para proteger os direitos e por isso o concebem sempre de forma tal que este esteja limitado a essa função. O meio da ação política é considerado perigoso por eles, porque, como afirmou Acton, "o poder tende a corromper e o poder absoluto tende a corromper absolutamente"(276).

Mises expõe da seguinte maneira os riscos do uso do poder para além das funções delimitadas pelos liberais e libertários, especialmente no que tange aos direitos individuais:

> Verificamos que, ao abrirmos mão do princípio de que o estado não deve interferir em quaisquer questões que tocam o modo de vida do

(275) TOCQUEVILLE, Alexis de. *A Democracia na América, Vol. II: Sentimentos e Opiniões.* Trad. Eduardo Brandão. São Paulo: Martins Fontes, 2000. p. 387.

(276) ACTON, John Emerich Edward Dalberg. *Essays on Freedom and Power.* Illinois: The Free Press, 1949. p. 364.

indivíduo, terminamos por regulá-lo e restringi-lo aos mínimos detalhes. Abole-se a liberdade pessoal do indivíduo! Ele se torna um escravo da comunidade, obrigado a obedecer aos ditados da maioria. Não é necessário divagar sobre as maneiras pelas quais tais poderes poderiam ser utilizados até ao abuso por autoridades malévolas. O exercício de poderes desse tipo, mesmo por homens imbuídos das melhores intenções, necessariamente, reduziria o mundo a um cemitério do espírito. Todo o progresso da humanidade foi alcançado como resultado da iniciativa de uma pequena minoria que começou a desviar-se das ideias e dos costumes da maioria, até que, finalmente, seu exemplo convenceu os outros a aceitarem a inovação. Dar à maioria o direito de ditar à minoria o que pensar, ler e fazer é dar um basta ao progresso, de uma vez por todas.([277])

Entre diversos autores liberais e libertários, James Buchanan (1919-2013) se destaca por não compartilhar da ideia que é possível conviver em sociedade sem a existência de um monopólio da força. Isto porque parte da premissa que as características dos seres humanos não permitem que normas adequadas de convivência surjam de arranjos livres e voluntários.([278]) Em outras palavras, ele não acredita que as pessoas possuam os incentivos necessários para descobrir, promulgar e manter normas justas de conduta de modo tal que se amplie a segurança baseada no respeito mútuo. Dessa forma, o autor compactua com o cenário

([277]) MISES, Ludwig von. *Liberalismo Segundo a Tradição Clássica.* Trad. Haydn Coutinho Pimenta. São Paulo: Instituto Ludwig von Mises Brasil, 2010. p. 79.

([278]) BUCHANAN, James M. *Freedom in Constitutional Contract.* Texas: A&M University Press, 1977. p. 11.

de "estado da natureza" descrito por Hobbes, segundo o qual sem um monopólio da força ocorreria uma "guerra de todos contra todos".([279])

A descrença de Buchanan na possibilidade de uma ordem legal em detrimento de uma organização jurisdicional é justificada da seguinte forma:

> Corro do primeiro passo onde as pessoas são seres imaginários para o segundo passo onde as pessoas são reais. [...] em outros termos, as tentativas de criar uma ordem idealizada do primeiro passo poderia requerer algumas modificações na natureza do ser humano, um objetivo que me parece contrário aos juízos de valor do individualismo, aos quais concordo explicitamente. Por outro lado, as tentativas dirigidas a se focar na direção de um ideal localizado do segundo passo, requer somente que as instituições se modifiquem, um objetivo que me parece moral e eticamente aceitável.([280])

Justamente por isso Buchanan busca, em suas obras, modos de limitar o poder estatal de forma que este cumpra o papel que justifica sua existência, embora admita que teóricos libertários falharam nesse objetivo.([281])

Uma das soluções propostas por Buchanan é a aplicação do individualismo metodológico, utilizado originalmente pela ciência econômica para analisar o processo de tomada de decisões privadas,

---

([279]) REALE, Giovanni; ANTISERI, Dario. *História da Filosofia: De Spinoza a Kant, Vol. 4.* Trad. Ivo Storniolo. São Paulo: Paulus, 2005. p. 82.

([280]) BUCHANAN, James M. *Op. Cit.* p. 11-12.

([281]) BUCHANAN, James M. *The Limits of Liberty: Between Anarchy and Leviathan.* Indianapolis: Liberty Fund, 2000. p. 18.

no campo da escolha pública. Junto com Gordon Tullock, deram origem a Escola da Escolha Pública, considerada como a teoria econômica da política ou a nova economia política.(282)

O ponto de partida da teoria da escolha pública é que os políticos e os burocratas devem ser analisados como pessoas comuns, que buscam satisfazer seus próprios interesses e não como altruístas que procuram o "bem-estar geral" dos cidadãos. Os políticos querem ser eleitos e reeleitos. Prometem bens e serviços fornecidos pelo Estado para os eleitores e formam coalizões com grupos que desejam fornecer esses bens e serviços. Por sua vez, os burocratas buscam maiores justificativas para contratar uma maior quantidade de pessoas e aumentar seus níveis salariais. É perante esse desafio que se torna importante estabelecer limites que protejam a vida, a propriedade e a liberdade dos cidadãos.(283)

O campo da teoria da Escolha Pública responsável por analisar a forma de limitar o poder redistributivo do Estado, que consiste em utilizar o dinheiro público para beneficiar indivíduos ou grupos determinados, é chamado de Economia Constitucional. O que se tenta evitar que é alguns poucos recebam benefícios e todos compartilhem os custos e prejuízos. Este peso sobre todos os cidadãos pode tomar várias formas, como aumento de preços ou menor quantidade de bens disponíveis (devido a políticas de regulação) ou ainda maiores impostos ou emissão de dinheiro (para financiar os vários programas políticos). É por isso que Buchanan defende a necessidade de

---

(282) BRUE, Stanley L. *História do Pensamento Econômico.* Trad. Luciana Penteado Miquelino. São Paulo: Thomson Learning, 2006. p. 410.

(283) Id, Ibid. p. 410-411.

normas fundamentais básicas para limitar o poder do Estado, as quais seriam escolhidas por meio de um consenso unânime na formação da Constituição.(284)

Por sua vez, Hayek, que também defendia o monopólio da coerção na forma do Estado como prestador e garantidor dos direitos individuais, buscou apresentar sua própria solução para limitar o poder político, evitando assim abusos cometidos pelo mesmo. Sua resposta foi denominada de demarquia (*demo* + *archos* = governo do povo). Conforme resume Donald Stewart:

> Na sua proposta, Hayek sugere que o Congresso bicameral tal como existe hoje faça parte do Executivo, por se tratar de um foro de debate e crítica ao governo, além de ser o palco da disputa de poder. Uma Assembleia Legislativa propriamente dita teria o encargo supremo de elaborar as regras a partir de proposições de seus próprios membros, dos representantes do executivo, do judiciário ou dos partidos políticos. Teria o encargo de "produzir" o direito. Seus membros deveriam ser eleitos anualmente para um mandato longo (15 anos), não renovável, e não poderiam ter qualquer vinculação político-partidária. Essas eleições deveriam ser anuais, de forma a renovar a cada ano 1/15 da Assembleia Legislativa.(285)

O objetivo de Hayek com sua demarquia é o mesmo de Buchanan com sua economia constitucional: impedir o uso do Estado para favorecer grupos e indivíduos criando, por meio do processo legislativo

---

(284) Id, Ibid. p. 412-413.

(285) STEWART JR., Donald. *O que é o Liberalismo*. 5. ed. Rio de Janeiro: Instituto Liberal, 1995. p. 80.

democrático, privilégios legais a estes. Aliás, se trata não apenas de impedir a deturpação das normas gerais que visam proteger os direitos individuais, mas também garantir que a democracia não se converta pura e simplesmente num "fetiche verbal usado para envolver com um halo de legitimidade quaisquer exigências de um grupo desejoso de moldar [...] a sociedade a seu bel prazer"([286]) e impedir a existência de um "governo conduzido pela vontade irrestrita da maioria"([287]).

Uma filósofa que se preocupou profundamente com a conversão do Estado num violador de direitos que este deveria resguardar foi Ayn Rand. Assim como alguns liberais e libertários, ela também acreditava que a entidade estatal era necessária para assegurar direitos individuais.

> O uso da força física – até seu uso retaliativo – não pode ser deixado ao arbítrio de cada cidadão. A coexistência pacífica é impossível, se um homem tem de viver sob a constante ameaça de força a ser desencadeada contra ele por qualquer um dos seus vizinhos, a qualquer momento. Não importa se as intenções dos vizinhos são boas ou ruins, se seus julgamentos são racionais ou irracionais, se são motivados por um senso de justiça ou por ignorância ou por preconceito ou por malícia – o uso da força contra um homem não pode ser deixado à decisão arbitrária de um outro.([288])

([286]) HAYEK, Friedrich. *Direito, Legislação e Liberdade: A Ordem Política de um Povo Livre, Vol. III*. Trad. Henry Maksoud. São Paulo: Visão, 1985. p. 42.

([287]) Id, Ibid. p. 43.

([288]) RAND, Ayn. *A Virtude do Egoísmo*. Trad. Winston Ling e Cândido Mendes Prunes. Porto Alegre: Ortiz/IEE, 1991. p. 137

Uma crítica importante de Rand se foca, no que tange à política, ao uso indiscriminado do termo direito. É preciso que os legisladores e aplicadores da lei compreendam que o conceito de direito se restringe exclusivamente a uma noção negativa ou passiva ou, conforme Rand, "os direitos de um indivíduo não impõem nenhuma obrigação sobre aqueles, exceto um tipo negativo: absterem-se de violar os direitos deste"([289]).

Portanto, um suposto "direito" que implique em fornecer bens ou serviços a outros indivíduos é não apenas uma contradição lógica, como a legitimação da escravidão por meio do direito. Segundo Rand:

> Empregos, comida, vestuário, recreação (!), casas, cuidado médico, educação, etc., não nascem na natureza. São valores feitos pelo homem – mercadorias e serviços produzidos pelos homens. Quem deve provê-los? Se alguns homens são titulares, **por direito**, dos produtos do trabalho de outros, isto significa que estes são privados de direitos e condenados ao trabalho escravo. Qualquer alegado "direito" de um homem que necessita a violação dos direitos de um outro, não é não pode ser um direito. Nenhum homem pode ter direito de impor uma obrigação não-escolhida, um dever não-recompensado ou uma servidão involuntária a um outro homem. Não pode haver algo como "**o direito de escravizar**".[Grifos do original]([290])

([289]) Id, Ibid. p. 120.
([290]) Id, Ibid. p. 123-124.

Bastiat asseverava no mesmo sentido um século antes:

> Enquanto se admitiu que a lei possa ser desviada de seu propósito, que ela pode violar os direitos de propriedade em vez de garanti-los, então qualquer pessoa quererá participar fazendo leis, seja para proteger-se a si próprio contra a espoliação, seja para espoliar os outros. As questões políticas serão sempre prejudiciais, dominadoras e absorverão tudo. Haverá luta às portas da assembleia legislativa e também luta, não menos violenta, no seu interior.([291])

É preciso distinguir, como Hayek e Bruno Leoni o fizeram, os conceitos de "lei" e de "legislação". A primeira seria um conjunto de normas gerais e abstratas, surgidas de um processo de ordem espontânea em tribunais, sem um propósito ou fim definido, em que cada indivíduo utilizaria tal conjunto como meio para traçar seus fins escolhidos. Dessa forma, a lei pode ser entendida como um meio universal pelo qual as pessoas visam atingir objetivos particulares. ([292]) Por sua vez, a legislação são normas, de conteúdo específico, concebidas ou planejadas por legisladores do Estado visando fins pré-determinados, independente dos planos e objetivos individuais dos recebedores da legislação. A legislação é, assim, a principal forma de planejamento estatal da sociedade onde se estabelece "um sistema por meio do qual um punhado de pessoas, as quais raramente

---

([291]) BASTIAT, Frédéric. *A Lei.* Trad. Ronaldo da Silva Legey. São Paulo: Instituto Ludwig von Mises Brasil, 2010. p. 19.

([292]) HAYEK, Friedrich A. *Direito, Legislação e Liberdade: A Ordem Política de um Povo Livre, Vol. III.* Trad. Henry Maksoud. São Paulo: Visão, 1985, p. 130-133.

conhecem pessoalmente, está apto a decidir o que todos devem fazer [...]".(293)

Cabe também destacar os trabalhos de Robert Nozick, que defende uma espécie de Estado Mínimo, pelos motivos explicados no capítulo anterior; de Milton Friedman, que defendia, aos moldes libertários, um estado bastante restrito em suas funções consideradas legítimas(294); e de Bruno Leoni em defesa da restrição da atuação legislativa pelos representantes no Parlamento, permitindo que o direito emergisse principalmente da jurisprudência(295).

Todos estes autores liberais e libertários compartilham a crença que um Estado só é justo, no que tange a sua forma de organização jurídica estabelecida, se visar estabelecer um sistema de proteção dos homens contra agressões injustas, promovendo a liberdade individual de todos.

4.4. Sistema legal policêntrico

Um sistema policêntrico é uma ordem com muitos centros jurisdicionais. A primeira questão a ser elucidada será, pois, qual é o centro jurisdicional que tomamos como referência. Por jurisdição

(293) LEONI, Bruno. *Liberdade e a Lei: Os Limites entre a Representação e o Poder*. 2. ed. Trad. Rosélis Maria Pereira e Diana Nogueira. São Paulo: Instituto Ludwig von Mises Brasil, 2010. p. 22.

(294) LAZZARI, Gustavo; SIMONETTA, Martín. *Héroes de la Libertad: Pensadores que cambiaron el rumbro de la historia*. Buenos Aires: Fundación Atlas/Fundación F.A. von Hayek, 2006. p. 102-106.

(295) LEONI, Bruno. *Op. cit*. p. 20-37.

entendemos a capacidade de decisão final de um indivíduo sobre um meio. É importante que se trate de um meio econômico (isto é, um recurso escasso) para poder se falar em jurisdição já que, em caso contrário, não teríamos decisões finais. Ou seja, não há questões conflituosas pelas quais uma posição deve prevalecer sobre a outra. Portanto, estamos falando de centros de poder finais sobre meios econômicos.(296)

Desta maneira, estão consagrados de antemão dois princípios fundamentais: a liberdade e a propriedade privada. A primeira seria condição do órgão jurisdicional e o segundo os meios econômicos sobre os quais se exerceria a jurisdição, isto é, sobre os quais se teria uma capacidade de decisão final.

Inicialmente, teríamos um problema nessa situação. Dado que cada ser humano é um órgão jurisdicional, significa que existem tantos centros de poder como existem seres humanos. Da mesma forma, esses centros de jurisdição estendem sua influência e sua capacidade de decisão sobre os objetivos da jurisdição, que são todos os meios econômicos, como o corpo ou uma propriedade. Teríamos então um estado de natureza lockeana, onde todos os indivíduos são dotados de direitos e todos tem poder de fazer cumprir as normas de convivência.(297) Dado que cada centro jurisdicional é soberano, poderá licitamente decidir não manter relações com nenhum outro centro

---

(296) HOPPE, Hans-Hermann. *Uma Teoria do Socialismo e do Capitalismo.* 2. ed. Trad. Bruno Garschagen. São Paulo: Instituto Ludwig von Mises Brasil, 2013. p. 21-25.

(297) LOCKE, John. *Segundo Tratado sobre o Governo Civil: Ensaio sobre a Origem, os Limites e os Fins Verdadeiros do Governo Civil.* Trad. Magda Lopes e Marisa Lobo da Costa. Rio de Janeiro: Vozes, 1994. p. 83-90.

jurisdicional. Contudo, levando em conta as vantagens da divisão do trabalho, do comércio e da escassez de recursos, todas as ordens jurisdicionais tendem a se relacionar.([298])

Com base nas noções éticas apresentadas no capítulo anterior, podemos concluir que uma das bases para o surgimento e bom funcionamento da sociedade e da aplicação do poder jurisdicional, conforme a filosofia libertária, consiste na adoção da regra da apropriação original dos recursos. Conclui-se então que os centros jurisdicionais de uma ordem policêntrica deverão ser constituídos pelos órgãos jurisdicionais e os objetos da jurisdição, ou seja, por seres humanos e suas propriedades adquiridas por *homesteading*.([299]) É justamente por isso que podemos deduzir que se fará necessário estabelecer uma relação entre os distintos centros de jurisdição soberanos. Esta relação será sustenta por meio das regras de uma instituição jurídica.

Os liberais e libertários defensores do policentrismo legal apontam uma contradição lógica na posição dos seus colegas. Todo governo, seja lá qual for, se mantém sempre pelo monopólio da força. Não só isso, como também seu financiamento se dá por meio da cobrança de impostos, que são pagamentos compulsórios feitos pelos cidadãos independentes de suas vontades. O imposto não é um processo voluntário, dado que, para que fosse, seria necessária a concordância unânime dos pagadores.([300])

([298]) ROTHBARD, Murray N. *A Ética da Liberdade*. Trad. Fernando Fiori Chiocca. São Paulo: Instituto Ludwig von Mises Brasil, 2010. p. 99-102.

([299]) Id, Ibid. p. 18-19.

([300]) Id. *A Anatomia do Estado*. Trad. Tiago Chabert. São Paulo: Instituto Ludwig von Mises, 2012. p. 9.

De acordo com Schumpeter:

> O atrito ou antagonismo entre as esferas pública e privada foi intensificado desde o princípio pelo fato de que, desde que a renda dos senhores feudais deixou de ter importância, o Estado vive da renda produzida na esfera privada, para objetivos privados, e que teria de ser desviada de suas metas por força política*. (* A teoria que explica os impostos, baseada na analogia com as mensalidades de um clube ou a compra de serviços, digamos, de um médico, mostra apenas como esta parte das Ciências Sociais é estranha aos hábitos científicos de pensamento.)([301])

O exercício do poder político pelo Estado consiste no uso do monopólio da força, do aparato do poder, do domínio e de ordens para fazer cumprir suas decisões em certa jurisdição. É, portanto, uma autoridade imposta. É um completo paradoxo que se estabeleça e se defenda uma estrutura de poder semelhante que, para funcionar, necessite lesionar os direitos individuais para os quais esta estrutura foi criada para proteger.([302])

Suas contrarrazões alegam que a natureza humana não permitiria a anarquia, que o mesmo processo de coordenação voluntário que permite que bens e serviços sejam produzidos e prestados entre os indivíduos não poderia garantir a produção e fornecimento da segurança e da justiça. Buchanan, por exemplo, considerava que todos os que não concordam com um monopólio da força com poderes

---

([301]) SCHUMPETER, Joseph A. *Capitalismo, Socialismo e Democracia*. Trad. Ruy Jungmann. Rio de Janeiro: Fundo de Cultura, 1961. p. 245.

([302]) ROTHBARD, Murray N. *A Anatomia do Estado*. Trad. Tiago Chabert. São Paulo: Instituto Ludwig von Mises, 2012. p. 8-9.

limitados acreditam que possa existir uma sociedade sem normas, baseadas num respeito místico aos direitos de cada um.([303])

Essa crítica não corresponde à realidade. As normas legais são necessárias em sociedade, e isto é inegável. O foco da argumentação dos defensores do policentrismo legal é sobre o melhor sistema para se produzir normas jurídicas.

Não se trata de propor uma forma de engenharia social ou um exercício construtivista. Não se busca um projeto, uma invenção ou experimento social inovador, mas apenas descobrir quais procedimentos jurisdicionais estão mais de acordo com as características naturais dos indivíduos. É um processo tão legítimo e substancial quanto à demarquia de Hayek ou a economia constitucional de Buchanan, e que encontra raízes históricas.([304])

Numa sociedade onde exista uma ordem policêntrica, cabe as pessoas regularem suas relações recorrendo a indivíduos que sejam considerados aptos a atuar como árbitros no caso de divergência. Estes indivíduos podem se especializar em serviços de arbitragem e competir uns com os outros no descobrimento das melhores normas de conduta na tentativa de resolver os conflitos da melhor forma possível.([305])

A divisão do trabalho e a conseguinte especialização dos árbitros faz com que o serviço se profissionalize para garantir a qualidade que exigem as partes nos julgamentos e nas decisões. Estes passos

([303]) BUCHANAN, James M. *Freedom in Constitutional Contract.* Texas: A&M University Press, 1977. p. 24.

([304]) ROTHBARD, Murray N. *Por uma Nova Liberdade: O Manifesto Libertário.* Trad. Rafael de Sales Azevedo. São Paulo: Instituto Ludwig von Mises, 2013. p. 272-276.

([305]) Id, Ibid. p. 268-270.

constituem o meio pelo qual ocorre o processo de surgimento do direito numa ordem policêntrica, modelo que encontra ressonância histórica nos jurisconsultos da lei romana e nos juízes que formaram a *common law*, base do sistema jurídico anglo-saxão.

Conforme Bruno Leoni:

> Tanto a história romana quanto a história inglesa nos ensinam, por exemplo, uma lição completamente diferente daquela dos advogados da legislação agigantada do presente. Hoje em dia, todo mundo louva os romanos não menos do que os ingleses por sua sabedoria jurídica. porém, muito poucas pessoas imaginam em que consistia essa sabedoria, ou seja, o quão independentes da legislação eram esses sistemas, no que concernia ao dia a dia das pessoas, e, consequentemente, o quão ampla era a esfera da liberdade individual, tanto em Roma quanto na Inglaterra, durante os vários séculos em que seus respectivos sistemas legais estavam em seu apogeu. [...] Os romanos, assim como os ingleses, compartilhavam da ideia de que a lei é algo mais para ser descoberto do que a ser decretado, e de que ninguém é tão poderoso em sua sociedade a ponto de estar em posição de identificar sua própria vontade com a lei da terra. A tarefa de "descobrir" a lei foi confiada, em seus países, a jurisconsultos e a juízes, respectivamente [...].([306])

Esta análise do processo evolutivo do direito como o descobrimento das características que estão na natureza do homem e que fazem possíveis as relações pacíficas, demonstra que o direito preexiste

([306]) LEONI, Bruno. *Liberdade e a Lei: Os Limites entre a Representação e o Poder*. 2. ed. Trad. Rosélis Maria Pereira e Diana Nogueira. São Paulo: Instituto Ludwig von Mises Brasil, 2010. p. 24-25.

a quem o descobre. Quem o promulga não o inventa, só torna palpável o que já existia.(307)

Além disso, a ordem social do sistema policêntrico, formado por árbitros privados competindo no mercado legal por clientes, é um processo que, como ocorre em qualquer área da economia, tende a favorecer aquele que oferece melhor qualidade na análise das provas, maior refinamento nas decisões e melhor precisão na descrição dos direitos, segundo o conhecimento geral e a tecnologia da sociedade se desenvolvem.(308)

No sistema de organização monocêntrica, libertários, assim como muitos não-libertários, buscam introduzir meios de controles, freios e contrapesos, através da divisão de poderes, garantias aos partidos de oposição e eleições em momentos distintos para diversos membros do Estado, visando sempre descentralizar o poder ao máximo para alcançar um serviço melhor de segurança e justiça. Contudo, a verdadeira descentralização, os reais controles e a qualidade concreta de um serviço só podem emergir se houver competição. Não importa a qualificação dos prestadores de serviços, dado que isto não corresponde necessariamente à qualidade do serviço. Um serviço só pode ser considerado bom de fato se estiver aberto à competição de outros prestadores, o que permite que exista comparação e escolha por parte daqueles que necessitam usá-lo.(309)

---

(307) Id, Ibid. p. 93-94.

(308) FRIEDMAN, David D. *The Machinery of Freedom: Guide to a Radical Capitalism*. 2. ed. Chicago: Open Court, 1995. p. 93-95.

(309) ROTHBARD, Murray N. *Governo e Mercado: A Economia da Intervenção Estatal*. Trad. Márcia Xavier de Brito e Alessandra Lass. São Paulo: Instituto Ludwig von Mises, 2012. p. 58-60.

Gustave de Molinari já defendia isso em 1849:

> Se existe uma verdade bem estabelecida na economia política, é esta:
>
> Que em todos os casos, para todas as mercadorias que servem à provisão das necessidades tangíveis ou intangíveis do consumidor, é do maior interesse dele que o trabalho e o comércio permaneçam livres, porque a liberdade do trabalho e do comércio tem, como resultado necessário e permanente, a redução máxima do preço.
>
> E esta:
>
> Que os interesses do consumidor de qualquer mercadoria devem sempre prevalecer sobre os interesses do produtor.(310)

Os libertários defensores do modelo de monopólio da jurisdição também buscam fracionar a jurisdição em várias instâncias territoriais, dotadas igualmente do mecanismo da coerção, como maneira de evitar abusos de autoridade que levassem a um Estado absolutista. Argumentam também que a existência de um prestador único de justiça garante uma instância final em todos os processos. Entretanto, a ordem policêntrica não só não exclui essa possibilidade, como requer que as instâncias finais sejam inapeláveis. A diferença é que isto ocorreria por um acordo de vontades firmado em contrato, como se dá atualmente na arbitragem. Os livres arranjos contratuais entre

(310) MOLINARI, Gustave de. *Da Produção de Segurança*. Trad. Erick Vasconcelos. São Paulo: Instituto Ludwig von Mises, 2012. Cap. II.

os indivíduos podem estabelecer quantas instâncias forem possíveis, quantos serão os árbitros em cada instância, por meio de quais procedimentos serão escolhidos e qual será a última instância.([311])

Observando o quadro institucional atual, visivelmente não existe uma última instância obrigatória mundial. Os conflitos e divergências entre países tendem a se resolver em cortes especiais a que esses voluntariamente aderem e se submetem. O problema maior nessa noção é que é justamente a ideia de instância definitiva que favorece a tirania dos juízes. Ainda que os políticos eleitos não pudessem criar leis no Legislativo, o sistema judicial monopolista coercitivo levaria ao mesmo problema inicial, dado que suas decisões judiciais não estão submetidas à análise de competência e controle das partes envolvidas no caso.([312])

Bruno Leoni ressalta esse perigo nos seguintes termos:

> Por outro lado, não se pode negar que as leis dos advogados ou a lei do judiciário possam tender a adquirir as características — inclusive as indesejáveis — da legislação, sempre que juristas ou juízes forem designados a decidir sobre um caso. Algo do tipo parece ter ocorrido durante o período pós-clássico da lei romana, quando os imperadores conferiram a certos jurisconsultos o poder de emitirem pareceres jurídicos — jus respondendi —, que se tornaram, por fim, vinculados aos juízes em dadas circunstâncias. No presente, o mecanismo do Judiciário, em certos

([311]) CARMONA, Carlos Alberto. *Arbitragem e Processo: Um Comentário à Lei nº 9.307/96*. 3. ed. São Paulo: Atlas, 2009. p. 15.

([312]) ROTHBARD, Murray N. *Por uma Nova Liberdade: O Manifesto Libertário*. Trad. Rafael de Sales Azevedo. São Paulo: Instituto Ludwig von Mises, 2013. p. 270.

países com "tribunais supremos" estabelecidos, resulta na imposição das visões pessoais dos membros desses tribunais — ou de uma maioria deles — sobre todas as outras pessoas envolvidas, sempre que há uma grande discordância entre a opinião dos primeiros e as convicções das últimas.([313])

E continua com o alerta:

> Já mencionei, no capítulo introdutório, a possibilidade do direito judiciário sofrer alguns desvios cujos efeitos podem ser a reintrodução do processo legislativo sob uma máscara judiciária. Isso tende a acontecer, antes de tudo, quando os tribunais superiores estão incumbidos de dar a última palavra na resolução de casos previamente examinados por tribunais inferiores, e quando, ainda, as decisões dos tribunais superiores são tomadas como jurisprudência para qualquer decisão análoga por parte de todos os outros juízes no futuro.([314])

Parece que o significado e natureza do direito se perderam bastante muito por culpa do positivismo, que o equiparou à legislação, criando a impressão de que a garantia da lei está ligada a enormes codificações detalhadas. Contudo, antes desse fenômeno, as normas de direito privado já estabeleciam o que as partes e os juízes deveriam cumprir. Os precedentes judiciais serviam para conhecer os fundamentos das decisões anteriores sobre conflitos similares no presente.([315])

([313]) LEONI, Bruno. *Liberdade e a Lei: Os Limites entre a Representação e o Poder*. 2. ed., Trad. Rosélis Maria Pereira e Diana Nogueira. São Paulo: Instituto Ludwig von Mises Brasil, 2010. p. 36.

([314]) Id, Ibid. p. 182.

([315]) Id, Ibid. p. 90-93.

Na ordem estabelecida com um sistema policêntrico, os árbitros são escolhidos, confirmados ou rejeitados pelas pessoas, segundo a qualidade dos serviços que prestam. O desenvolvimento do direito de sistema policêntrico opera privadamente tal como ocorreu com o direito comercial durante a Idade Média([316]) e continua se desenvolvendo ao largo da jurisdição estatal por meio da arbitragem internacional([317]).

O monopólio da força, igual a qualquer outro monopólio, gera preços mais caros pelos serviços prestados e em pior qualidade. Já em um cenário aberto de concorrência é possível comparar resultados, aproveitar a informação dispersa na sociedade e também constituir um forte estímulo para que os serviços sejam prestados da melhor forma a preços mais acessíveis. Se o serviço não se mostra apropriado pelos critérios da clientela, se substitui o prestador atual por outro que forneça um serviço melhor.([318])

Um árbitro terá prestígio a depender da qualidade se seus julgamentos e de sua honradez perante o público. Um deslize em sua conduta afetará seu nome e se o desvio for grave não será possível ingressar novamente nesse serviço cuja tarefa está intimamente vinculada à confiança. Do mesmo modo que ocorre em outros grandes empreendimentos empresariais, os produtos vendidos são para o consumo em massa e não para um grupo reduzido, o que permitiria

---

([316]) SILVA, Roberto Luiz. *Direito Internacional Público*. 3. ed. Belo Horizonte: Del Rey, 2008. p. 55-56.

([317]) Id, Ibid. p. 56-57.

([318]) ROTHBARD, Murray N. *Governo e Mercado: A Economia da Intervenção Estatal*. Trad. Márcia Xavier de Brito e Alessandra Lass. São Paulo: Instituto Ludwig von Mises, 2012. p. 194.

uma maior discussão sobre os procedimentos e a possibilidade de substitui-los quando não os satisfazem.([319])

Isto não quer dizer que não possam existir juízes individuais na ordem policêntrica, pois isso permitiria um maior controle sobre o sistema jurídico e uma discussão sobre os procedimentos entre as partes interessadas, só que tal figura surgiria espontaneamente, pelo mercado. O mais importante é que os fatores políticos desaparecem por ocasião da escolha dos árbitros, contando unicamente sua qualificação e confiança perante os consumidores.

Atualmente existem diversas normas em diferentes países e também, dentro de um mesmo país, nos distintos estados, existem diversas disposições normativas. Essa complexidade se tornaria ainda maior numa ordem policêntrica. A diversidade jurídica dependeria de que as partes contratantes estabelecessem suas preferências e interesses no mercado. O formato de jurisdições geográficas não seria necessariamente a que as pessoas preferirão. Da mesma maneira que ocorre com outros bens e serviços, ocorrerão diferenciações ou uniformizações segundo os critérios de quem adquire estes bens e serviços.([320])

Uma forma de vislumbrar como o modelo policêntrico funcionaria na prática, abrindo margem para diversos formatos organizacionais, consiste em observar exemplos na História onde tal sistema vigorou. Dois se destacam em especial: a Irlanda durante mil anos até o século XVII e a Islândia durante trezentos anos até o século XIII.

([319]) FRIEDMAN, David D. *Op. Cit.* p. 95.

([320]) MOLINARI, Gustave de. *Da Produção de Segurança*. Trad. Erick Vasconcelos. São Paulo: Instituto Ludwig von Mises, 2012. Cap. X.

Rothbard descreve da seguinte maneira o sistema legal policêntrico da Irlanda:

> O exemplo histórico mais notável de uma sociedade que adotou leis e tribunais libertários [...] Como, então, eram desenvolvidas as leis e mantinha-se a justiça? Em primeiro lugar, a própria lei era baseada num corpo de costumes antigos e imemoriais, passados na forma oral e, posteriormente, escrita, por uma classe de juristas profissionais conhecidos como brehons. Os brehons não eram de maneira alguma funcionários públicos ou governamentais; eram simplesmente escolhidos pelas partes envolvidas em disputas com base em sua reputação por sabedoria, conhecimento das leis consuetudinárias e pela integridade de suas decisões. [...] Eram os brehons que dominavam as leis, e que acrescentavam a elas comentários e desenvolviam a partir delas formas de aplicá-las às condições variáveis. Além disso, não havia um monopólio de juristas brehon, em qualquer sentido do termo; [...] Como eram aplicadas as decisões dos brehons? Através de um sistema elaborado e desenvolvido voluntariamente de "seguros", ou garantias. Os homens eram unidos através de uma série de relações de garantia, pela qual se asseguravam de que prejuízos e danos seriam compensados, que a justiça seria aplicada e as decisões dos brehons seriam respeitadas. [...](321)

Por sua vez, David Friedman traça o seguinte cenário judicial da antiga Islândia, nos moldes de uma ordem policêntrica:

(321) ROTHBARD, Murray N. *Por uma Nova Liberdade: O Manifesto Libertário*. Trad. Rafael de Sales Azevedo. São Paulo: Instituto Ludwig von Mises, 2013. p. 272-275.

> A figura central do sistema islandês era o chefe, no original Godi, sacerdote; os primeiros chefes eram, aparentemente, empreiteiros que construíam templos para seu uso, bem como de seus vizinhos, se tornando líderes locais. O grupo de Direitos de um Godi era chamado Godord. O Godord era propriedade privada, podendo ser vendido, emprestado, herdado. Se você quisesse ser um chefe, bastava encontrar alguém disposto a vender seu Godord e comprá-lo. [...] Que Direitos constituíam o Godord? Entre os principais sem dúvida estava aquele que transformava o Godi no vínculo do sujeito com o Sistema Legal. Se você desejasse acionar alguém na Justiça, a primeira pergunta que deveria ser feita era a que Godi esse alguém estava submetido. Isso determinaria em que Tribunal a ação seria julgada [...] Todos deveriam estar associados a um Godi para fazer parte do sistema legal. Mas o vínculo entre um chefe e seus associados era voluntário – ele, diferentemente de um senhor feudal, não podia reclamar a terra de seus associados. Estes podiam, logo, escolher a que chefe se associar. Outros Direitos que constituíam o Godord eram o direito a voto no processo legislativo, bem como o direito de escolher os juízes (nos nossos padrões, membros do júri – havia 36 em um tribunal) que decidiam as lides. O sistema recursal contava com diversos níveis, dando a possibilidade de apelação a cinco tribunais, hierarquicamente estabelecidos. [...].(322)

Além da seara estritamente jurídica, um sistema policêntrico também favorece o surgimento de agências de defesa que oferecem serviços de proteção. Da mesma forma que ocorreria com os árbitros,

(322) FRIEDMAN. David D. *Execução Penal Privada, Islândia Medieval e Libertarianismo*. Disponível em: < https://revistacej.cjf.jus.br/cej/index.php/revcej/article/view/1489 >. Acesso em 22 fev. 2022

as agências de proteção não teriam nenhum tipo de imunidade ou privilégio. Seus membros são responsáveis por seus atos. Caso se excedam em suas ações e agridam direitos de alguém estarão suscetíveis de serem processados. Assim como os árbitros, as agências de proteção devem proceder de forma respeitosa com seus clientes, dado que trabalham para estes. Justamente por isso, deverão assegurar a maior proteção possível a eles. Se não agirem assim, poderão ser substituídas por outra agência que preste um serviço mais eficiente, a preços mais acessíveis e, a depender do motivo da troca, serem processadas e condenadas por ex-clientes.([323])

Outro elemento importante numa sociedade policêntrica jurisdicional é o papel das companhias de seguro. É possível que, em um cenário desta natureza, as pessoas busquem aderir a uma companhia de seguros para, por meio delas, contratar uma agência de proteção e os árbitros necessários. Desta forma, quem estiver segurado terá sua eventual condenação paga pela seguradora, que substituirá o cliente nos processos perante aqueles que lhes infligiram danos. Da mesma maneira que atualmente é comum possuir planos de saúde, numa ordem policêntrica deverá ser generalizada a importância de ter uma cobertura nas áreas da segurança e justiça.([324])

Nos dias correntes, é reconhecidamente notória a ausência de proteção policial na maior parte das regiões pobres das cidades, em especial nas denominadas favelas. Os moradores desses locais são

---

([323]) ROTHBARD, Murray N. *Por uma Nova Liberdade: O Manifesto Libertário*. Trad. Rafael de Sales Azevedo. São Paulo: Instituto Ludwig von Mises, 2013. p. 255-261.

([324]) MURPHY, Robert P. *Chaos Theory*. 2. ed. Auburn: Ludwig von Mises Institute, 2010. p. 17-19.

obrigados a destinar recursos via impostos para segurança e justiça e geralmente não recebem nem um, nem outro. Destinar recursos ao pagamento de impostos equivale à diminuição da renda dos mais pobres, o que só agrava sua situação precária. Numa ordem social policêntrica, estes consumidores de serviços tão fundamentais, que contam com menor poder aquisitivo, poderiam gastar menos do que atualmente, dado o custo elevado dos impostos, e escolher voluntariamente os serviços de segurança e justiça disponíveis no mercado, onde poderiam exigir, como clientes, o cumprimento desses serviços por seus prestadores contratados.([325])

Importante lembrar que, como todos os indivíduos são potencialmente prestadores desses serviços, dado que não existe mais monopólio, é possível também que as comunidades mais pobres se organizem de forma que desenvolvam associações de bairro que forneçam tais serviços aos membros desta mesma comunidade. Assim, por meio de um financiamento coletivo dentre os moradores, os custos seriam minimizados ao mesmo tempo em que todos receberiam os benefícios.

Quanto àqueles que não contam com recursos suficientes para segurança e justiça do mesmo modo que não podem arcar com os custos para alimentação, moradia, vestimentas, saúde, transporte e educação, num cenário sem um Estado, contarão com o apoio financeiro daqueles que se preocupam suficientemente com os demais, a ponto de os ajudarem a suprir suas carências materiais. Não se trata,

---

([325]) ROTHBARD, Murray N. *Por uma Nova Liberdade: O Manifesto Libertário*. Trad. Rafael de Sales Azevedo. São Paulo: Instituto Ludwig von Mises, 2013. p. 256.

portanto, de fazer apenas propagandas ideológicas para essas pessoas, mas de fazer algo para remediar suas situações, o que implica em colocar a disposição dos mais necessitados fundos monetários ou ainda criar uma fundação de ajuda e buscar os recursos que outros queiram doar para auxiliar os mais pobres.([326])

Existe uma correlação estreita entre liberdade e obras filantrópicas. Atualmente, apesar das crescentes interferências governamentais na vida das pessoas, a quantidade de atos de caridade ao redor do mundo só aumenta, expressando uma solidariedade mais intensa e provas renovadas de benevolência para com o próximo no âmbito social.([327]) É de se presumir, que, num cenário sem a existência de um auxílio estatal aos mais necessitados, o papel da caridade praticada por entes privados se torne ainda mais fundamental. Por outro lado, quando o Estado busca substituir a caridade social por meio de programas políticos, há um forte desincentivo pessoal para ajudar ao próximo, dado que se alimenta a noção que este é um "dever" primordial do Estado.

Uma objeção bastante comum a um sistema policêntrico de segurança e justiça reside na questão sobre como os conflitos entre as agências de prestação desses serviços seriam resolvidos. O exemplo mais comum dessa objeção foi fornecido por Ayn Rand:

> Suponha que o Sr. Smith, um cliente do Governo A, suspeite de que o seu vizinho de porta, Sr. Jones, um cliente do Governo B, o tenha roubado; um esquadrão da polícia A dirige-se à casa do Sr. Jones e é

([326]) Id, Ibid. p. 259-260.

([327]) JOUVENEL, Bertrand de. *A Ética da Redistribuição*. Trad. Rosélis Pereira. São Paulo: Instituto Ludwig von Mises Brasil, 2012. p. 36.

encontrado pelo esquadrão da polícia B, que declara que não aceita a validade da reclamação do Sr. Smith e não reconhece a autoridade do Governo A. O que acontece então? A partir daí, a conclusão é sua.(328)

O libertário David Friedman, defensor do sistema policêntrico de justiça e segurança, respondeu a esse exemplo de Rand da seguinte maneira, usando em seu cenário os nomes David e Joe para os consumidores, e no lugar de Governo A e B as agências de segurança Tannahelp Inc. e Dawn Defense:

> O cenário parece propício para uma pequena guerra [...] Mas guerras são caras, e a Tannahelp e a Dawn Defense são ambas corporações que buscam o lucro, mais interessadas em poupar dinheiro do que perder. Eu acho que o resto da história seria menos violento do que Rand imaginava. O agente da Tannahelp telefona para sua contraparte na Dawn Defense. "Nós temos um problema..." Depois de explicar a situação, ele assinala que se a Tannahelp mandar seis homens e a Dawn mandar oito, haverá uma luta. Alguém pode sair machucado. Quem quer que ganhe, o tempo que o conflito levar para acabar será custoso para ambos os lados. Talvez as empresas sejam até forçadas a pagar salários mais altos para compensar os riscos dos funcionários. Então ambas serão forçadas a aumentar os preços. Se eles fizerem isso, a Murbard Ltd., uma concorrente nova e agressiva que estava tentando se estabelecer na área, vai baixar os preços e roubar os clientes das duas. Deve haver uma solução melhor. O funcionário da Tannahelp sugere que a melhor solução é a arbitragem.

---

(328) RAND, Ayn. *A Virtude do Egoísmo*. Trad. Winston Ling e Cândido Mendes Prunes. Porto Alegre: Ortiz/IEE, 1991. p. 142.

> Eles levarão a disputa sobre [o objeto roubado] para uma empresa de arbitragem local confiável. Se o árbitro decidir que Joe é inocente, a Tannahelp concorda em pagar a Joe e à Dawn Defense uma indenização pelo tempo e dinheiro perdidos por eles. Se for considerado culpado, a Dawn Defense aceitará o veredito; já que [o objeto roubado] não é dele, a Dawn não tem obrigação de protegê-lo quando os homens da Tannahelp forem pegá-lo.(329)

A lógica interna do poder tende a que este se expanda. Sua própria constituição como ente já possui um defeito grave dado que, para operar, o monopólio da força deve se financiar com a cobrança coercitiva de recursos dos cidadãos. No lugar da pretensão de limitar por meio de mecanismos e procedimentos em geral ineficazes os excessos do Estado, os defensores do policentrismo legal buscam eliminar o Leviatã de uma vez, permitindo que apenas organizações jurisdicionais que estejam num ambiente concorrencial recebam os incentivos do mercado para que seus interesses sejam direcionados a servir os consumidores dos seus serviços.

Não se trata, portanto, de buscar eleger indivíduos que miraculosamente sejam preocupados com o bem comum, mas permitir que aqueles que forem mais competentes na prestação dos serviços à população prosperem. O esforço para limitar o poder do Estado ao longo dos séculos tem sido teoricamente próspero, mas não é o processo final de uma constante evolução das ideias, especialmente na filosofia libertária.

---

(329) FRIEDMAN, David D. *The Machinery of Freedom: Guide to a Radical Capitalism*. 2. ed. Chicago: Open Court, 1995. p. 94.

5.

CONCLUSÃO

O libertarianismo é uma filosofia política que busca, em teoria, a maximização da liberdade do indivíduo. Portanto, tem a liberdade como princípio legitimador da sua filosofia. Mas o que é liberdade?

Essa é uma pergunta de difícil resposta e pouquíssimo consenso. Thomas Hobbes define liberdade como:

> (...) a ausência de impedimentos externos, impedimentos que muitas vezes tiram parte do poder que cada um tem de fazer o que quer, mas não podem obstar a que use o poder que lhe resta, conforme o que seu julgamento e razão lhe ditarem(330).

Essa visão maximizadora da liberdade, baseado na capacidade do homem de agir sem limites, é inviável para fins de um sistema político razoável, dado que dois seres humanos convivendo em sociedade

(330) HOBBES, Thomas. Leviatã. Tradução de João Paulo Monteiro. São Paulo: Abril Cultural, 1983. (Os Pensadores). p. 73

jamais poderiam exercer na plenitude tal direito de liberdade sem que uma liberdade se contraponha a outra.

Por isso a liberdade nunca pode ser confundida com poder[331]. Liberdade não pode ser vista como um fato natural, porque ela simplesmente não é. Nenhum ser humano jamais será plenamente livre nos termos de Hobbes, pois estará sempre a mercê de todo o tipo de impedimento externo, vindo da natureza, afinal, as vontades humanas são infinitas e os recursos são escassos.

A própria biologia humana funciona como um grande limitador do ser humano, o que poderia ser chamado, dentro da visão hobbesiana, de impedimento interno. Seres humanos não podem voar como pássaros, por sofrerem a limitação interna de não possuírem asas. Tal limitação não faz do ser humano livre, mas certamente o faz menos poderoso, ou seja, menos exercente de sua vontade sobre a natureza.

Por isso que o conceito de liberdade que baseia a filosofia política libertária só pode ser, por óbvio, política. O grande desafio imposto a um libertário é, então, criar um satisfatório conceito político de liberdade e um sistema de regras que justifique e aplique com clareza esse conceito.

Essa não é uma tarefa simples, motivo pelo qual há todo um debate acerca do método[332] para se buscar a liberdade, o conteúdo propriamente dito[333] e a sua aplicabilidade prática[334]. Procurou se

---

(331) ROTHBARD, Murray. *A Ética da Liberdade*. Trad. Fernando Fiori Chiocca. São Paulo: Instituto Ludwig von Mises Brasil, 2010. p. 90.

(332) V. Capítulo 2 da presente obra.

(333) V. Capítulo 3 da presente obra.

(334) V. Capítulo 4 da presente obra.

apresentar, ao longo desse livro, uma visão geral dos argumentos que fundamentam a elaboração do conceito e do sistema proveniente do conceito.

5.1. Crítica à epistemologia libertária

O primeiro debate apresentado foi sobre o método, arrolando-se várias teorias que se propugnam ideais para a revelação do sistema de liberdade. E desde já se fez presente a seguinte questão: estaria o conceito de liberdade destinado a ser apenas objeto da filosofia política libertária, ou também pode se aplicar ao próprio método utilizado pelo cientista político?

Este é, em resumo, o argumento central de Paul Feyerabend e seu anarquismo metodológico. De fato, parece fazer pouco sentido se falar em liberdade como finalidade política se, no momento da sua elaboração, não se poderia exercer uma liberdade completa de métodos também. Feyrabend, portanto, estaria exercendo libertarianismo anteriormente à própria formulação do conceito de liberdade.

Tal argumentação sofre gravíssimas restrições de autores como Popper e Hayek, que argumentam em favor do método científico clássico como forma de legitimar um argumento como científico, ainda que adaptado de forma a se chegar não a um conceito de verdade, mas a um conceito de "não-falso".

A postura desses autores quanto à rigidez do método científico, até certo ponto, deslegitima o produto de suas pesquisas: a liberdade como conceito político desses autores nasce sob a égide de um sistema epistemológico inflexível e excludente.

Questão que também causa desconforto a Popper é o excessivo louvor ao raciocínio crítico em contraposição ao raciocínio construtivista, não pela crítica ao raciocínio construtivista em si, já que a busca com modelos ideais de comportamentos sociais é uma temeridade e sua prática levou a grandes tragédias sociais. No entanto, o falsificacionismo de Popper como método científico é claramente baseado em um raciocínio construtivista, ou ingênuo, para elaborar um parâmetro científico válido em todas as ocasiões.

A epistemologia hayekiana do subjetivismo evolucionista, nesse sentido, é mais avançado que o método popperiano, e não falha na análise do raciocínio construtivista, sendo um método eminentemente crítico. A se lamentar que algumas obras de Hayek, a despeito da contundente crítica do autor ao raciocínio construtivista, sejam baseadas nesse tipo de visão([335]).

Quem também faz questão de restringir o método da pesquisa dentro das ciências sociais é Max Weber, ao elaborar originalmente o bom conceito de individualismo metodológico, que de fato deve servir como base para ciências que só existem em virtude da existência de um indivíduo racional, como são os casos relativos às ciências sociais.

Max Weber, no entanto, não conseguiu construir um individualismo metodológico que mitigasse a influência negativa do subjetivismo do observador, ao lançar mão do recurso de um "tipo ideal" criado, e não real, que organizaria a realidade caótica da sociedade.

([335]) O exemplo mais caricato é o terceiro volume de "Direito, Legislação e Liberdade", onde o autor busca construir racionalmente um novo modelo de arranjo social baseado no livre-mercado com cirúrgicas intervenções governamentais e um exótico modelo de sufrágio, que ele chama de "demarquia".

Esse expediente fictício e comprometido com a visão do observador vai comprometer a análise social de Weber, a começar pelo seu conceito de ação social, confuso e incompleto, onde algumas ações sociais não seriam racionais quando o autor agisse de acordo com fundamentos emocionais, costumeiros, ou quando ainda lhe faltasse racionalidade nos meios, mesmo que os fins fossem racionais.

Essa classificação é totalmente subjetiva por parte de Max Weber e não faz sentido classificar uma conduta humana proposital como racional ou irracional, pois toda e qualquer conduta humana proposital será dirigida a buscar um estado de maior satisfação a partir de valores próprios, tal como ensina Mises, e a classificação de tal conduta, por parte do observador, como sendo racional ou irracional, denota apenas um juízo de valor do observador de acordo com a sua moralidade particular, e nada mais do que isso. A visão misesiana de "ação humana" é muito mais real e correta.

Mas Mises também pode sofrer grandes críticas. O que se dizer a respeito da extrema inflexibilidade da sua teoria epistemológica? Alegar que somente a lógica pode criar o verdadeiro conhecimento requer uma extrema confiança naquilo é produzido pelo cientista praxeológico, e a argumentação de que derivações lógicas de axiomas autoevidentes são inegavelmente verdadeiras, embora não careça de falha matemática, pode causar desconforto, caso a afirmação derivada do processo não encontre eco no mundo da natureza, em outras palavras, se a teoria não funcionar na prática([336]).

([336]) Frase célebre do jornalista e escritor Nelson Rodrigues: "se os fatos são contra mim, pior para os fatos". Disponível em <https://kdfrases.com/frase/109604>. Acesso em 10 abr. 2014.

Mises contra-argumenta no seguinte sentido:

> Toda experiência é uma experiência de algo que já se passou; não há experiência de acontecimentos futuros. Mas a experiência à qual as ciências naturais devem todo seu sucesso é aquela em que os elementos específicos que sofrem alteração podem ser observados isoladamente.
>
> A experiência com a qual as ciências da ação humana têm de lidar é sempre uma experiência de fenômenos complexos. No que diz respeito à ação humana, não se pode realizar experiência em laboratório. Nunca temos condição de observar a mudança em um elemento isolado, mantendo-se todos os demais inalterados. A experiência histórica, na condição da experiência de fenômenos complexos, não nos fornece fatos, no sentido com que as ciências naturais empregam este termo, para designar eventos isolados testados em experiências.
>
> Os postulados do positivismo e escolas metafísicas congêneres são, portanto, ilusórios. É impossível reformar as ciências da ação humana obedecendo a padrões da física ou de outras ciências naturais. Não há possibilidade de estabelecer a posteriori uma teoria de conduta humana e dos eventos sociais. A história não pode provar nem refutar qualquer afirmação de caráter geral, da mesma maneira que as ciências naturais aceitam ou rejeitam uma hipótese, com base em experiências de laboratório. Neste campo, não é possível provar por experiências que uma hipótese seja falsa ou verdadeira(337).

---

(337) VON MISES, Ludwig. *Ação Humana: Um Tratado de Economia.* Trad. Donald Stewart Jr. São Paulo: Instituto Ludwig von Mises Brasil, 2010.

Tal argumento, embora poderoso, não muda o caráter excessivamente restritivo dessa epistemologia, que pode gerar o risco de estancamento prematuro do desenvolvimento desse ramo da ciência política.

Gabriel Zanotti tenta mudar esse panorama adicionando à praxeologia de Mises, apriorística e individualista extrema, a perspectiva intersubjetivista de Husserl, criando uma hermenêutica fenomenológica que poderia reanalisar certos elementos da realidade social não mais a partir do puro *homo agens*, mas da relação desse homem com o objeto acionado([338]).

Portanto, embora não se negue a evidente força da construção epistemológica de Mises, de incrível persuasão argumentativa, a que se adiciona o fato de se usar, como base de raciocínio, seres humanos reais, ao invés de tipos ideais weberianos fictícios e excessivamente viciados na experiência do observador, a limitação da investigação científica é intolerável, devendo o método praxeológico ser usado com frequência e com profundidade, mas sem se olvidar do valor da pluralidade de métodos e, até mesmo, do senso comum, afinal, poucos argumentos parecem tão libertários quanto o de Feyerabend, ao declarar que a liberdade de método expande a base científica e a capacidade de se revelar a verdade.

([338]) ZANOTTI, Gabriel. *Uma Proposta para Superar o Atual Impasse Epistemológico da Escola Austríaca.* In *MISES: Revista Interdisciplinar de Filosofia, Direito e Economia.* São Paulo: Instituto Ludwig von Mises Brasil, 2013.

5.2. Crítica à ética libertária

Um dos mais famosos contrapontos à teoria ética libertária é um livro do professor Gerald Cohen onde ele traz uma série de argumentos que supostamente deslegitimaria o libertarianismo e o explodiria([339]).

O argumento principal de Cohen contra o libertarianismo é o argumento de que a união de "autopropriedade" e a distribuição não igualitária de recursos escassos criaria indefinida desigualdade de propriedade privada, que é um dos interesses principais do libertarianismo([340]). A apropriação de um bem escasso necessariamente levaria a um prejuízo dos outros indivíduos, sendo, portanto, ilegítima([341]). Por fim, a abordagem lockeana-nozickiana seria aleatória, sendo mais justa a propriedade coletiva de todo e qualquer recurso escasso([342]).

Podemos retirar dessa visão dois argumentos distintos: um, deontológico, no sentido de que a autopropriedade e a liberdade não são princípios de justiça; e outro, utilitário, no sentido de que o libertarianismo é economicamente irracional e reduz a utilidade dos bens da sociedade.

([339]). PALMER, Tom. G. A Cohen on Self-Ownership, Property and Equality. In *Realizing Freedom: libertarian theory, history and practice*. Washington: Cato Institute, 2009. p. 129.

([340]) COHEN, G. A. *Self-Ownership, Property and Equality.* Cambridge: Cambridge University Press, 1995. p. 69.

([341]) Id, Ibid. p. 90.

([342]) Id, Ibid. p. 78.

Quanto ao primeiro argumento, de base deontológica, eu dou certa razão a Cohen. A autopropriedade e o *homesteading* (aquele que primeiro usa possui o bem) são conceitos eivados de aleatoriedade, se construídos como modelos naturais de arranjo social. O conceito original lockeano de homesteading, inclusive, cria a exigência de que o ser humano não pode retirar da natureza bens em quantia que inviabilize a satisfação de outros seres humanos([343]). Essa aleatoriedade, contudo, poderia ser claramente estendida ao conceito de propriedade coletiva de Cohen, por carecer de uma lógica argumentativa bem construída.

Para pôr fim a essa aleatoriedade no que tange à autopropriedade, a teoria lógica-argumentativa de Hans-Hermann Hoppe substitui a ideia de direito natural intrínseca aos modelos de Nozick e Locke pela ideia de que é uma escolha do próprio ser humano o exercício de sua autopropriedade, e que qualquer conduta diversa a ela estaria eivada do vício da autocontradição performática.

Segundo Hoppe, o ato de argumentar que está sendo praticado nesse diálogo acadêmico tanto por Cohen quanto por Nozick e Locke, nunca se baseia em proposições que flutuam livremente alegando veracidade, mas é sim uma atividade prática, e que, portanto, traz certas pré-condições para sua realização. Por isso, precisamos pesquisar os elementos apriorísticos dessa argumentação([344]).

O argumento apriorístico da argumentação mais evidente é o exercício de propriedade privada do ser racional argumentador sobre

([343]) KYMLICKA, Will. *Filosofia Política Contemporânea.* Trad. Luis Carlos Borges. São Paulo: Martins Fontes, 2006. p. 143.

([344]) HOPPE, Hans-Hermann. *A Ciência Econômica e o Método Austríaco.* Trad. Fernando Fiori Chiocca. p. 126.

seu corpo e demais instrumentos da natureza. Portanto, para realizar argumentação, o ser precisa necessariamente aquiescer na necessidade de se apropriar de elementos físicos de maneira exclusiva para tal fim. O exercício de argumentação pressupõe a autopropriedade, sob pena de sequer o ser racional conseguir se exprimir. Argumentar contra a autopropriedade usando da autopropriedade seria ilógico e, portanto, falso([345]).

Essa argumentação não resolve o problema da justificação do homesteading e da propriedade privada de recursos externos ao homem através da mistura do trabalho do homem com recursos que não possuem dono. Mas dentro da mesma lógica de não se cair em autocontradição, todo ser humano necessariamente se apropria de bens e os consome de maneira individual. Negar a validade dessa prática seria negar atos próprios que garantem sua sobrevivência([346]). Esse fato se torna mais evidente se posto em prática o sistema de propriedades coletivas de Cohen, onde, para cada ato a ser exercido pelo ser humano, ele teria de pedir autorização a todos os demais seres humanos para realizá-lo, em votação democrática. Tal situação é absolutamente inviável.

Outra crítica pertinente é que na verdade a liberdade não é, de fato, a base da justiça libertária, mas sim a ideia igualitária kantiana de que o homem é um fim em si mesmo, pois o ser humano racional nunca poderia ser plenamente livre, mas pode ser plenamente igual aos seus pares como fins em si mesmo([347]).

([345]) Id, Ibid. p. 131.

([346]) Id, Ibid. p. 132.

([347]) KYMLICKA, Will. *Op. Cit.* p. 161.

Essa crítica também se desdobra em duas: a primeira, de que o homem nunca pode ser plenamente livre; e a segunda, de que o libertarianismo é, na verdade, igualitário.

Quanto ao fato de o homem nunca poder ser livre, tal perspectiva só é válida dentro da visão de liberdade como ato de poder, o que já se demonstrou ser um equívoco. Liberdade, como qualquer outro termo, carece de uma definição a ser dada pelo próprio homem, e certamente que a liberdade não é excludente de outros princípios. Praticamente todas as teorias de justiça possuem um conceito próprio de liberdade e de igualdade, justificando-os um no outro([348]), e não há problema nenhum em o libertarianismo ter seu próprio conceito de igualdade e justificar sua liberdade nele.

Ensina Roderick Long:

> No entanto, nós libertários não falamos tão frequentemente, ou tão calorosamente, sobre igualdade. Em vez disso, falamos sobre liberdade; é por isso que nos chamamos de libertários, e não de igualitários.(...)
>
> A resposta está no fato de que é necessário especificar conceitos: igualdade de quê? Igualdade em relação a quê? Nossos oponentes igualitários defendem a igualdade socioeconômica— algumas vezes interpretada como igualdade de oportunidades socioeconômicas, e algumas vezes interpretada como igualdade de resultados socioeconômicos. (...)

([348]) John Rawls, em *Uma Teoria da Justiça* (Op. Cit.), também constrói seu sistema com base em um princípio geral de liberdade e um princípio geral de igualdade.

> Com alguma frequência, sugere-se que a versão libertária de igualdade se refere à igualdade legal — isto é, igualdade perante a lei. (...). Porém, uma igualdade legal deste tipo é muito limitada para constituir o ideal libertário. (...) A justiça da igualdade de tratamento depende acima de tudo da própria justiça deste tratamento. (...).Devemos afirmar que a "justiça" exige que cada um seja escravizado igualmente?
>
> Similarmente, o conceito de igualdade de liberdade também é incapaz de capturar todo o ideal libertário. Um mundo no qual todos os indivíduos tivessem uma ínfima e idêntica quantia de liberdade não seria um mundo libertário. (...)
>
> A igualdade de que Locke e Jefferson falam é a igualdade de autoridade: a proibição de qualquer "subordinação ou sujeição" de um indivíduo a outro(349).

É justamente a junção da autopropriedade lógica com a igualdade de autoridade e a liberdade individual que formam a essência do libertarianismo, sem contradições lógicas argumentativas.

Dentro desse escopo, precisamos falar sobre a ética que tenha por base o egoísmo, como afirma Ayn Rand. A ideia de que um ser humano é eticamente correto ao estar disposto a seguir suas próprias vontades é uma ética normativa objetiva que não se mostra necessária dentro de uma visão libertária. O libertarianismo é uma filosofia que promove uma sociedade aberta e se destina a promover a diversidade de escolhas de acordo com uma valoração subjetiva, não podendo

(349) LONG, Roderick. *Igualdade, o Ideal Desconhecido*. Disponível em <http://mises.org.br/Article.aspx?id=1551>. Acesso em 16 fev. 2022.

ser limitado de tal monta, ainda que o objetivismo, em linhas gerais, não busque oprimir aquele que não segue sua visão egoísta, apenas o desprezando moralmente.

Esgotada a discussão deontológica, podemos abordar a discussão utilitária já criticada por Cohen.

O libertarianismo utilitário exige fundamentos econômicos sólidos, tais como apresentados pela Escola Austríaca e pela Escola Neoclássica. Embora haja uma certa unanimidade na academia acerca do valor da liberdade de mercado na alocação de bens e serviços, a corrente majoritária hoje, o keynesianismo, é um crítico severo das falhas que o mercado poderia supostamente apresentar.

As falhas de mercado costumam se dividir, dentro da visão keynesiana, em falhas técnicas e falhas sociais. Falhas técnicas seriam as externalidades, que são as transferências de custos do uso do bem das pessoas que efetivamente o usaram para as que não usaram, o que normalmente ocorre no caso dos bens públicos e do efeito-vizinhança, e os monopólios. Falhas sociais seriam de ordem ética, onde o mercado daria preferência aos interesses individuais mesquinhos ao invés do bem comum([350]).

De acordo com a Escola Austríaca, a maioria dessas supostas falhas de mercado seriam resultantes de defeitos extramercados, de natureza institucional, e quando efetivamente decorrem do "caos tendente à ordem" de trocas livres, tendem a ser amplificadas pela intervenção governamental.([351])

([350]) IORIO, Ubiratan. *Economia e Liberdade.* São Paulo: Inconfidentes, 1995. p. 83.

([351]) Id, Ibid. p. 82.

No caso dos bens públicos, tal transferência de custos efetivamente ocorre. Quem usa o bem público, dele se aproveita, mas os custos são repartidos para toda a sociedade, que pagará através de tributos. Com isso, se cria um estímulo para a superutilização do bem, pois quem não o usar o custeará do mesmo jeito, sofrendo um prejuízo. Esse efeito de insustentabilidade no consumo do bem público é chamado "tragédia dos bens comuns", e a solução natural para o caso é a privatização do bem, de forma que quem o use arque com o custo dessa utilização(352).

O efeito-vizinhança é um problema criado justamente pela falta de direitos de propriedade, e não pelo seu excesso. Quando uma fábrica joga poluentes no rio usado por todos os moradores de uma cidade, ou no ar a ser respirado pelos vizinhos, em regra isso ocorre por autorização estatal, e a poluição vai, no máximo, gerar uma indenização a ser paga ao próprio Estado, que destinará tais recursos como lhe aprouver. Caso o rio ou, em um exemplo extremo, o ar respirado e apropriado pelo ser humano, fosse de sua propriedade, ele teria como ingressar com ação para receber indenização ou cessar com a atividade poluidora, que gera um custo de saúde. Na verdade, é a publicização do bem que gerou o efeito-vizinhança(353).

Monopólios e oligopólios são estruturas típicas do mercado não--austríaco, onde existiria tendência ao equilíbrio e necessidade de concorrência perfeita. Dentro dessa visão, a concentração de mercado geraria excesso de poder dos produtores frente aos consumidores. Essa estrutura de mercado, na verdade, pouco influi na formação de preços, pois o que realmente importa é a acessibilidade do concorrente

(352) Id, Ibid. p. 84.

(353) Id, Ibid. p. 85.

potencial no mercado. Havendo essa possibilidade, já há o efeito redutor de preços frente ao produtor concentrador de mercado. Monopólio de verdade, onde há completa impossibilidade de concorrência potencial, somente ocorre no caso de obstrução de mercado pelo Estado, seja através de leis ou custos burocráticos exagerados, normalmente feitos em virtude de corrupção e favorecimento pessoal([354]). O único monopólio inquebrável é o Estado, que detém o monopólio do uso legítimo da força.

Sobre as falhas sociais, o mercado é o tipo de ambiente que melhor usa o egoísmo em favor da sociedade. Em um mercado, para que um agente egoísta possa satisfazer seus interesses, ele deve prestar o melhor produto ou o produto mais barato. Na melhor das hipóteses, o melhor e mais barato produto. Ou seja, para lucrar, o empresário precisa satisfazer o consumidor. Já na prestação de bens e serviços pelo Estado, a lógica é a inversa. Quanto pior a prestação do produto ou serviço e maior o desperdício de recursos públicos, maior fica a pressão popular pelo aumento de verbas para determinado setor, criando incentivos econômicos inversos aos pretendidos([355]). Tal fenômeno se vê com especial clareza no caso da educação e da saúde pública do país que, mesmo com um modelo de gestão falido, continuam a ser agraciados pela população com uma contínua campanha de injeção de recursos.

A Escola Neoclássica de Economia, por outro lado, possui maiores dificuldades para justificar uma abstenção completa do Estado da economia. A família Friedman, inclusive, defende esta corrente

---

([354]) Idem.

([355]) Id, Ibid. p. 86.

doutrinária, o que fragiliza sua posição utilitária, principalmente em face do que se chama, em economia, de lei da utilidade marginal decrescente([356]).

De acordo com a lei de utilidade marginal decrescente, a satisfação adicional que um consumidor obtém de uma unidade a mais de um bem ou serviço declina à medida que a quantidade consumida do bem ou serviço aumenta. É o efeito natural de sentir o corpo se satisfazendo de uma determinada necessidade. Ao passo em que o corpo não mais necessita de determinado produto e serviço, a unidade adicional de consumo do bem se torna igual a zero, momento no qual o consumidor deixa de consumir por absoluto desinteresse([357]).

Se o consumo de um bem, para um indivíduo que já o consumiu demasiadamente, agrega pouca ou nenhuma utilidade, a transferência forçada do excesso de bens desse indivíduo, através da redistribuição de renda, para um indivíduo sem nenhum consumo anterior do bem, aumentaria exponencialmente a utilidade no momento do seu consumo pelo beneficiário da redistribuição. Ocorrendo um aumento da unidade hipotética de *util* na sociedade([358]), o utilitarista libertário se veria obrigado a defender essa redistribuição, chancelando o uso do poder do Estado contra a propriedade privada do detentor original do bem.([359])

([356]) KYMLICKA, Will. *Op. Cit.* p. 120.

([357]) KRUGMAN, Paul. *Introdução à Economia.* Trad. Helga Hoffmann. Rio de Janeiro: Elsevier, 2007. p. 203.

([358]) *Util*, sem acento agudo, é a unidade hipotética de utilidade criada por certa corrente econômica para fins de cálculo econômico. Retirado de KRUGMAN, Paul. *Introdução à Economia.* Trad. Helga Hoffmann. Rio de Janeiro: Elsevier, 2007. p. 204.

([359]) KYMLICKA, Will. *Op. Cit.* p. 120.

Essa argumentação, embora persuasiva, não resiste ao problema da medida de *util* ser hipotética, e não real. Seres humanos possuem desejos infinitos, sendo limitados basicamente pela escassez do tempo e dos bens materiais à sua disposição para satisfação desses desejos([360]).

Embora quanto a um bem específico possa haver uma queda na utilidade marginal do seu consumo para um determinado indivíduo, basta que este consumidor utilize sua riqueza para aquisição de outro bem, distinto do bem fatigado, para que toda a utilidade do consumo se restabeleça, ou seja, que se produzam *util* na mesma proporção de antes. Tal postura é corroborada pelo fato de, objetivamente, tal redistribuição vir a reduzir a quantidade de poupança disponível para investimento, o que reduz a quantia disponível para investimento em avanços tecnológicos e aumento da produtividade em médio e longo prazo.

Resta ainda o problema da teoria das falhas de mercado dentro do contexto do paradigma neoclássico.

De acordo com a visão neoclássica, o homem é visto como um tipo ideal weberiano conhecido como *homo oeconomicus*, que deve ser economicamente infalível. Erros não são admitidos, visto que todos os custos e benefícios de determinada ação podem ser previstos de antemão, através do recebimento de informações que chegam sem nenhuma obstrução([361]).

([360]) VON MISES, Ludwig. *Ação Humana*. Trad. Donald Stewart. 3 ed. São Paulo: Instituto Ludwig von Mises Brasil, 2010.

([361]) DE SOTO, Jesus Huerta. *Op. Cit.* p. 15.

Havendo uma necessidade de equilíbrio geral entre produtores e consumidores, um modelo de concorrência perfeita e cálculos, feitos por um analista econômico, que preveem os efeitos e comportamentos econômicos, a existência de falhas de mercado são inadmissíveis([362]).

Para esse caso, a única resposta convincente que pode ser oferecida pela Escola Neoclássica é justamente a falha humana, tanto em processo de mercado quanto em força de Estado, e ao passo que o erro de mercado atingiria um pequeno número de pessoas, o erro de Estado atinge maiores proporções, sugerindo-se então o uso moderado da intervenção estatal([363]). Estudos modernos como a Escola da Escolha Pública, já citada([364]), e a Análise Econômica do Direito entendem que essa atuação estatal, com poderes concentrados nas mãos do agente estatal que também está em busca dos próprios interesses, tendem a ser mais nocivos que as falhas de mercado, gerando as chamadas falhas de governo([365]).

5.3. Crítica ao direito libertário

Restam sérias dúvidas acerca da aplicabilidade prática da ética libertária no campo do direito, pelo menos de maneira absoluta, pois há grande dificuldade em se imaginar como seria estruturado esse ordenamento jurídico.

([362]) Id, Ibid. p. 16.

([363]) Id, Ibid. p. 17.

([364]) V. ponto 4.3 do presente trabalho.

([365]) Id, Ibid. p. 17.

Murray Rothbard tem uma posição bastante confusa sobre a elaboração do sistema legal libertário:

> Na verdade, os princípios legais de qualquer sociedade podem ser estabelecidos de três maneiras diferentes: (a) seguindo-se os costumes tradicionais da tribo ou comunidade; (b) obedecendo-se à vontade arbitrária e ad hoc daqueles que governam o aparato estatal; ou (c) utilizando a razão humana para descobrir a lei natural — resumindo, por conformidade subordinada aos costumes, por capricho arbitrário ou pelo uso da razão humana. Essencialmente são estas as únicas formas possíveis de estabelecer uma lei positiva([366]).

Essa classificação tripartite traz como novidade o "uso da razão humana" em contraposição aos dois estabelecimentos históricos de leis positivas. Só que Rothbard não explica como essa nova lei racional será positivada. Só resta concluir que será utilizado um dos sistemas anteriores, os costumes ou as leis.

A ideia de revelação dos preceitos libertários pelos costumes pode simplesmente não acontecer. Um sistema costumeiro no mundo árabe provavelmente seria parecido com a Sharia, que é o Código religioso islâmico, altamente interventor e moralista.

Um sistema monocêntrico baseado em princípios libertários, com uma Constituição enxuta e costumes jurídicos reconhecidos por tribunais é, na prática, o modelo americano de democracia, que não

---

([366]) ROTHBARD, Murray. *A Ética da Liberdade*. São Paulo: Instituto Ludwig von Mises Brasil, 2010. p. 71.

funcionou como planejado pelos pais fundadores da nação, em sua maioria liberais clássicos bastante radicais.

Isso porque a democracia, por mais que funcione em um Estado enxuto, sempre trará os problemas do comportamento imediatista dos governantes que precisam ganhar a próxima eleição, conflito social, parasitismo, passividade, corrupção e intromissão na vida privada, pois são raros os governantes que não legislam querendo impor sua moralidade própria([367]).

Especificamente no que tange à corrupção, vale destacar lição de Bryan Caplan, que explica o problema do mito do eleitor racional([368]). De acordo com a economia, seres humanos fazem escolhas racionais, ou seja, tentam escolher os meios mais eficientes para se chegar aos fins pretendidos, porque sofrem os custos da escolha desses meios. No momento do voto, esse custo não é direto, mas indireto e diluído pela sociedade. A probabilidade de o voto do eleitor realmente fazer a diferença é quase nula. Para fins econômicos, o ato de votar é irracional, motivo pelo qual as pessoas tendem a não pesquisar de maneira apropriada as propostas e a conduta dos candidatos, gerando a eleição de péssimos políticos.

Por outro lado, empresários e sindicalistas, com relações governamentais frequentes, tem total interesse em eleger candidatos. A eleição de um determinado candidato terá influência significativa no seu futuro, especialmente no âmbito econômico. Por isso, grupos de

---

([367]) KARSTEN, Frank. *Como a Democracia Destrói Riqueza e Liberdade.* Disponível em <http://www.mises.org.br/Article.aspx?id=1287>. Acesso em 16 fev. 2022.

([368]) CAPLAN, Bryan. *The Myth of the Rational Voter: why democracies chooses bad policies*. Princeton: Princeton University Press, 2006.

pressão tendem a se empenhar pessoalmente na eleição de políticos, gerando grande sangria de dinheiro público posteriormente.

Como proposta libertária, o sistema de legislação monocêntrico já mostrou, na prática, que é inviável, pois é da natureza do Estado o crescimento do seu poder([369]).

No entanto, nem mesmo o sistema policêntrico possui totais garantias de implementação de um sistema libertário.

David Friedman, um dos grandes advogados do sistema policêntrico de produção e aplicação de leis, argumenta que a aplicação de um livre-mercado de leis pode, ao final, produzir uma legislação altamente anti libertária se, dentro do mercado, através do método de tentativa e erro, se chegar à conclusão de que é melhor uma única agência monopolista de legislação e segurança do que uma diversidade delas([370]).

No mesmo diapasão, Friedman levanta a possibilidade de que, dentro desse mesmo mercado, legislações que restringem direitos civis, como escolha de parceiros sexuais, e econômicas, como liberdade de contratar, possam prevalecer sobre legislações que garantam a plena liberdade civil e econômica([371]).

Dentro de uma visão de mercado, Friedman vai argumentar que tais possibilidades, embora reais, são improváveis, dado que a redução da qualidade de vida pela restrição de liberdade, juntamente com a possibilidade de rápida mudança de agência ou abertura de novas

---

([369]) JOUVENEL, Bertrand de. *O Poder*. Trad. Paulo Neves. São Paulo: Peixoto Neto, 2010.

([370]) FRIEDMAN, David D. *The Machinery of Freedom: Guide to a Radical Capitalism*. 2. ed. Chicago: Open Court, 1995. p. 117.

([371]) Id, Ibid. p. 118.

agências, seriam suficientes para que tais ameaças não se fizessem reais.

Stephan Kinsella traz vários argumentos em defesa do sistema policêntrico, ratificando a posição de Friedman. Quanto à segurança jurídica:

> A certeza, o que inclui a clareza e a estabilidade do arcabouço jurídico, é necessária para que possa haver um planejamento voltado para o futuro. É comum imaginar que a certeza aumentará se o arcabouço jurídico for escrito e enunciado por uma legislatura, como ocorre, por exemplo, nos códigos civis dos modernos sistemas de direito civil.
>
> Como o falecido jus teórico italiano Bruno Leoni demonstrou, há mais certeza em um sistema jurídico descentralizado do que em um sistema centralizado e baseado em leis escritas. Quando o poder legiferante tem o poder de alterar as leis diariamente, é impossível ter alguma certeza sobre quais regras serão aplicáveis amanhã. Por outro lado, decisões judiciais são muito menos capazes de reduzir a segurança jurídica do que a legislação(372).

Quanto ao problema do planejamento central da legislação monocêntrica:

> Ludwig von Mises demonstrou que, sem um sistema descentralizado baseado na propriedade privada, é impossível haver preços de livre

(372) KINSELLA, Stephen. *Legislação e Direito em uma Sociedade Livre.* Disponível em <http://www.mises.org.br/Article.aspx?id=1570>. Acesso em 16 fev. 2022.

mercado, os quais são essenciais para o cálculo econômico. Como Leoni explicou, a crítica de Mises ao socialismo também se aplica a um poder legiferante tentando "planejar centralizadamente" as leis de uma sociedade. A impossibilidade do socialismo é apenas um caso especial da incapacidade geral de planejadores centrais de coletar e assimilar todas as informações que estão amplamente dispersas pela sociedade. O caráter disperso e descentralizado do conhecimento e da informação em uma sociedade simplesmente faz com que seja praticamente impossível para estes legisladores centralizados planejar racionalmente as leis de toda uma sociedade(373).

Quanto à inflação legislativa:

Devido à sistemática ignorância que os legisladores enfrentam, a legislação muitas vezes desorganiza toda a delicada ordem econômica, social e jurídica de uma sociedade, levando a consequências indesejadas e inesperadas. Ato contínuo, e invariavelmente, por causa de uma propaganda governamental bem feita, combinada com a apatia e ignorância pública, essas inevitáveis falhas da legislação são imputadas não ao intervencionismo governamental, mas à liberdade e à desregulada conduta humana, levando a legislações ainda mais intrusivas(374).

Sobre a experiência histórica de tratados privados:

Não há razão para que os códigos não sejam escritos por particulares. Com efeito, o tratado Commentaries on the Laws of England, de Sir

(373) Id, Ibid.
(374) Id. Ibid.

William Blackstone, era privado e foi extremamente bem-sucedido na codificação do direito; e há hoje nos EUA tratados privados bem-sucedidos, como os Restatments of the Law. Os códigos seriam muito mais racionais e sistemáticos (e menores) se eles não tivessem que levar em conta um enorme e interveniente corpo de lei — se pudessem se concentrar primordialmente nos desenvolvimentos do direito consuetudinário([375]).

Todos os argumentos apresentados são relevantes para justificar a implementação da experiência social da legislação policêntrica, que hoje é negada por fins políticos. Dificilmente um Governo dará oportunidade para que a sociedade faça esse tipo de experiência.

5.4. Considerações finais

Diogo Costa aponta um problema comum entre libertários, que é a extrema necessidade de se criar um sistema completamente fechado e lógico, sejam eles deontologistas, utilitaristas ou objetivistas. Todos padeceriam do mal do "exclusivismo ético"([376]).

Robert Higgs lamenta profundamente que esses grupos percam tanto tempo e energia discutindo entre si. Há pouca repercussão prática no fato do libertarianismo ser importante porque é moralmente

---

([375]) Id, ibid.

([376]) COSTA, Diogo. *Por um liberalismo eclético.* Disponível em <http://ordemlivre.org/posts/por-um-liberalismo-ecletico>. Acesso em 16 fev. 2022.

correto ou ser importante porque funciona. Essa filosofia é importante pelos dois motivos(377).

Assim pensa Diogo Costa:

> Minha proposta é o libertarianismo eclético, em que a defesa da liberdade como bem comum não está erguida sobre um só pé, mas sobre vários. Além de permitir uma compreensão mais abrangente da realidade, a abordagem eclética oferece outra vantagem. Como explicou Randy Barnett, quanto mais princípios razoáveis convergem para uma determinada posição — digamos, a rejeição ou a aprovação de uma política pública —, maior é o grau de certeza que se pode ter sobre a posição tomada(378).

É extremamente saudável para o movimento libertário e para as ideias libertárias que tenhamos vários argumentos em prol da liberdade. Isso significa uma maior probabilidade de se convencer pessoas dos mais diferentes perfis a estudar a filosofia política e a inserir de modo definitivo no debate político do Brasil e do mundo, especialmente em um momento de grave crise do Estado, que demonstra a sua insustentabilidade financeira.

Liberdade importa, inclusive dentro do próprio libertarianismo. Um libertarianismo livre e inclusivo na epistemologia, na ética e no direito.

---

(377) HIGGS, Robert. *Defender a Liberdade: porque ela funciona ou porque é moralmente correta?* Disponível em http://mises.org.br/Article.aspx?id=1524. Acesso em 16 fev. 2022.

(378) COSTA, Diogo. *Por um liberalismo eclético.* Disponível em <http://ordemlivre.org/posts/por-um-liberalismo-ecletico>. Acesso em 16 fev. 2022.

REFERÊNCIAS

ACTON, John Emerich Edward Dalberg. *Essays on Freedom and Power.* Illinois: The Free Press, 1949.

ARANHA, Maria Lucia de Arruda; MARTINS, Maria Helena Pires. *Filosofando:* Introdução à Filosofia. 2 ed. São Paulo: Moderna, 1993.

ARAÚJO, Cícero. Bentham, O Utilitarismo e a Filosofia Política Moderna. In: *Filosofia Política moderna:* De Hobbes a Marx. BORON, Atilio A (Org.). São Paulo: Depto. De Ciência Política – FFLCH – Universidade de São Paulo, 2006.

ARISTÓTELES. *Retórica.* Tradução de Manuel Alexandre Júnior, Paulo Farmhouse Alberto e Abel do Nascimento Pena. Lisboa: Imprensa Nacional – Casa da Moeda, 2005.

______. *Política.* Obras. Madeira: 2º Ed. Aguilar, 1973.

ARON, Raymond. *As Etapas do Pensamento Sociológico.* Tradução de Sergio Bath. São Paluo: Martins Fontes, 2000. p. 449.

BARNETT, Randy E. *The Structure of Liberty: Justice and The Rule of Law.* Oxford: Clarendon Press, 1998.

BASTIAT, Frédéric. *A Lei.* Tradução de Ronaldo da Silva Legey. São Paulo: Instituto Ludwig von Mises Brasil, 2010.

BENTHAM, Jeremy. *Uma Introdução aos Princípios da Moral e da Legislação.* Tradução de Luiz João Baraúna. 3. ed. São Paulo: Abril Cultural, 1984.

BÍBLIA Thompson: Antigo e Novo Testamento. São Paulo: Editora Vida, 2002.

BOBBIO, Noberto. *A Era dos Direitos*. Tradução de Carlos Nelson Coutinho. Rio de Janeiro: Campus, 1992.

BRUE, Stanley L. *História do Pensamento Econômico*. Tradução de Luciana Penteado Miquelino. São Paulo: Thomson Learning, 2006.

BUCHANAN, James M. *Freedom in Constitutional Contract*. Texas: A&M University Press, 1977.

______. *The Limits of Liberty: Between Anarchy and Leviathan*. Indianapolis: Liberty Fund, 2000.

CAPLAN, Bryan. *The Myth of the Rational Voter: why democracies chooses bad policies*. Princeton: Princeton University Press, 2006.

CARMONA, Carlos Alberto. *Arbitragem e Processo: Um Comentário à Lei nº 9.307/96*. 3. ed. São Paulo: Atlas, 2009.

CAVALIERI FILHO, Sérgio. *Programa de Sociologia Jurídica*. Rio de Janeiro: Forense, 2007.

COHEN, G. A. *Self-Ownership, Property and Equality*. Cambridge: Cambridge University Press, 1995.

CONSTANTINO, Rodrigo. *Economia do Indivíduo: o legado da Escola Austríaca*. São Paulo: Instituto Ludwig von Mises Brasil, 2009.

CORTINA, Adele & MARTINEZ, Emílio. *Ética*. São Paulo: Loyola, 2005.

COSTA, Diogo. *O Liberalismo e os Libertários*. Disponível em <http://ordemlivre.org/posts/o-liberalismo-e-os-libertarios>. Acesso em 16 fev. 2022.

______. *Por um liberalismo eclético*. Disponível em <http://ordemlivre.org/posts/por-um-liberalismo-ecletico>. Acesso em 16 fev. 2022.

DE SOTO, Jesus Huerta. *A Escola Austríaca: Mercado e Criatividade Empresarial*. São Paulo: Instituto Ludwig von Mises Brasil, 2010.

DINIZ, 1989 apud SIQUEIRA JR, Paulo Hamilton. *Teoria do Direito*. São Paulo: Saraiva, 2012.

ELWELL, Frank. *The Sociology of Max Weber*. Disponível em: <http://www.faculty.rsu.edu/~felwell/Theorists/Weber/Whome.htm>. Acesso em 16 fev. 2022.

FEIJÓ, Ricardo. *Economia e Filosofia na Escola Austríaca: Menger, Mises e Hayek.* São Paulo : Nobel, 2000. p. 19

FEYERABEND, Paul. *Contra o método.* Tradução de Octanny S. da Mota e Leonidas Hegenberg. Rio de Janeiro: F. Alves, 1977.

FRIEDMAN. David D. *Execução Penal Privada, Islândia Medieval e Libertarianismo.* Disponível em: < https://revistacej.cjf.jus.br/cej/index.php/revcej/article/view/1489 >. Acesso em 22 fev. 2022.

______. *The Machinery of Freedom: Guide to a Radical Capitalism.* 2. ed. Chicago: Open Court, 1995.

FRIEDMAN. Milton. *Capitalism and Freedom.* 2. ed. Chicago: The University of Chicago, 1982.

FRIEDMAN, Patri. *Além do Ativismo Tribal.* Disponível em: <http://www.libertarianismo.org/index.php/artigos/alem-do-ativismo-tribal/>. Acesso em: 16 fev. 2022.

GENNARI, Adilson Marques; OLIVEIRA, Roberson de. *História do Pensamento Econômico.* São Paulo: Saraiva, 2009.

GORDON, David. *Murray N. Rothbard.* Disponível em: <http://www.mises.org.br/Article.aspx?id=37>. Acesso em: 16 fev. 2022.

HALLIDAY, Roy. *The Structure of Liberty by Randy Barnett.* Disponível em: <http://www.freenation.org/a/f64h4.html>. Acesso em 16 fev. 2022.

HAYEK, Friedrich. *Counter-Revolution of Science.* Londres: Free Press, 1955.

______. *Direito, Legislação e Liberdade: uma nova formulação dos princípios liberais de direito e justiça.* Tradução de Henry Maksoud. São Paulo: Visão, 1985. Vol. I.

______. *Direito, Legislação e Liberdade: A Ordem Política de um Povo Livre.* Tradução de Henry Maksoud. São Paulo: Visão, 1985. Vol. III.

______. *Hayek na UnB: conferências, comentários e debates de um simpósio internacional realizado de 11 a 12 de maio de 1981.* Brasília: Editora Universidade de Brasília, 1981.

______. *O Uso do Conhecimento na Sociedade.* Tradução de Phillipe Tavares. In *MISES: Revista Interdisciplinar de Filosofia, Direito e Economia. Vol. I, N. 1: Jan.-Jun. 2013.* São Paulo, Instituto Mises Brasil, 2013.

HIGGS, Robert. *Defender a Liberdade: porque ela funciona ou porque é moralmente correta?* Disponível em http://mises.org.br/Article.aspx?id=1524. Acesso em 16 fev. 2022.

HOBBES, Thomas; *O Leviatã*. Disponível em <http://www.dhnet.org.br/direitos/anthist/marcos/hdh_thomas_hobbes_leviatan.pdf>. Acesso em 16 fev. 2022.

HOPPE, Hans-Hermann. *A Ciência Econômica e o Método Austríaco*. São Paulo: Instituto Ludwig von Mises Brasil, 2010.

______. *Uma Teoria do Socialismo e do Capitalismo*. Tradução de Bruno Garschagen. São Paulo: Instituto Ludwig von Mises Brasil, 2013.

______. *The Economics and Ethics of Private Property: Studies in Political Economy and Philosophy*. 2. ed. Auburn: The Ludwig von Mises Institute, 2006.

HUNTINGTON, Samuel P. *O Choque de Civilizações e a Recomposição da Ordem Mundial*. Tradução de M. H. C. Côrtes. Rio de Janeiro: Objetiva, 1997.

IORIO, Ubiratan Jorge. *Ação, Tempo e Conhecimento: A Escola Austríaca de Economia*. São Paulo: Instituto Ludwig von Mises Brasil, 2011.

______. *Economia e Liberdade*. São Paulo: Ed. Inconfidentes, 1995.

JOUVENEL, Bertrand de. *A Ética da Redistribuição*. Tradução de Rosélis Pereira. São Paulo: Instituto Ludwig von Mises Brasil, 2012.

______. *O Poder*. Tradução de Paulo Neves. São Paulo: Peixoto Neto, 2010.

KARSTEN, Frank. *Como a Democracia Destrói Riqueza e Liberdade*. Disponível em <http://www.mises.org.br/Article.aspx?id=1287>. Acesso em 17 fev. 2022.

KELSEN, Hans. *Teoria Geral do Direito e do Estado*. 3. ed. Tradução de Luís Carlos Borges. São Paulo: Martins Fontes, 1998.

KINSELLA, Stephen. *Legislação e Direito em uma Sociedade Livre*. Disponível em <http://www.mises.org.br/Article.aspx?id=1570≥. Acesso em 17 fev, 2022.

KRUGMAN, Paul. *Introdução à Economia*. Tradução de Helga Hoffmann. Rio de Janeiro: Elsevier, 2007.

KYMLICKA, Will. *Filosofia Política Contemporânea: uma Introdução.* Tradução de Luis Carlos Borges. São Paulo: Martins Fontes, 2006.

LAZZARI, Gustavo; SIMONETTA, Martín. *Héroes de la Libertad: Pensadores que cambiaron el rumbro de la historia.* Buenos Aires: Fundación Atlas/Fundación F.A. von Hayek, 2006.

LEMOS, Carolina Teles. *Para Compreender Max Weber.* 2. ed. Rio de Janeiro: Deescubra, 2011.

LEONI, Bruno. *Liberdade e a Lei: Os Limites entre a Representação e o Poder.* Tradução de Rosélis Maria Pereira e Diana Nogueira. São Paulo: Instituto Ludwig von Mises, 2010.

LOCKE, John. *Segundo Tratado sobre o Governo Civil: Ensaio sobre a Origem, os Limites e os Fins Verdadeiros do Governo Civil.* Tradução de Magda Lopes e Marisa Lobo da Costa. Rio de Janeiro: Vozes, 1994.

LONG, Roderick. *Igualdade, o Ideal Desconhecido.* Disponível em <http://mises.org.br/Article.aspx?id=1551>. Acesso em 17 fev. 2022.

LYNCH, Alberto Benegas. *El Liberalismo como Respeto al Próximo.* Disponível em: <http://independent.typepad.com/elindependent/2007/03/el_liberalismo_.html>. Acesso em: 17 fev. 2022.

MACEDO, Ubiratan Borges de. *Liberalismo e Justiça Social.* São Paulo: IBRASA, 1995

MARÍAS, Julían. *História da Filosofia.* Tradução de Claudia Berliner. São Paulo: Martins Fontes, 2004.

MATOS, Olgária C. F. *A Escola de Frankfurt: Luzes e Sombras do Iluminismo.* São Paulo: Moderna, 1993.

MASSONI, Neusa Teresinha. *Epistemologias do século XX.* Porto Alegre: UFRGS, Instituto de Física, Programa da Pós-Graduação em Ensino de Física, 2005.

MAZZILLI, Marcello. *Estado? Não, Obrigado! – O Manual Libertário, ou o ABC do Antiestatismo.* Tradução de Roberto Fiori Chiocca. São Paulo: Instituto Ludwig von Mises Brasil, 2010.

MILL, John Stuart. *Utilitarismo.* Tradução de Pedro Galvão. Porto: Porto Editora, 2005.

Mises Institute (col.). *A posição das escolas austríaca, de Chicago, keynesiana e marxista em 17 questões econômicas.* Disponível em <http://www.mises.org.br/Article.aspx?id=1349>. Acesso em 17 fev. 2022.

MOLINARI, Gustave de. *Da Produção de Segurança.* Tradução de Erick Vasconcelos. São Paulo: Instituto Ludwig von Mises, 2012.

MURPHY, Robert P. *Chaos Theory.* 2. ed. Auburn: Ludwig von Mises Institute, 2010.

NERI, Demetrio. *Filosofia Moral: Manual Introdutivo.* Tradução de Orlando Soares Moreira. São Paulo: Loyola, 2004.

NOZICK, Robert. *Anarquia, Estado e Utopia.* Tradução de Ruy Jungmann. Rio de Janeiro: Jorge Zahar, 1991.

______. *Philosophical Explanations.* Massachusetts: Harvard University Press, 1981

OPPENHEIMER, Franz. *The State:* Its history and development viewed sociologically. Tradução de John Glitterman. New York: Vanguard Press, 1926.

PAINE, Thomas. Common Sense In: HOOK, Sidney (org.). *Writings of Thomas Paine.* New York: New American Library, 1969.

PALMER, Tom. G. A Cohen on Self-Ownership, Property and Equality. In *Realizing Freedom: libertarian theory, history and practice.* Washington: Cato Institute, 2009.

POPPER, Karl. *A Lógica da Pesquisa Científica.* Tradução de Leonidas Hegenberg e Octanny Silveira da Mota. São Paulo: Cultrix, 2008.

______. A Sociedade Aberta e seus Inimigos. Tradução de Milton Amado. São Paulo: Ed. USP, 1974.

______. *Conjecturas e refutações.* Coimbra: Almedina, 2003.

RAND, Ayn. *A Revolta de Atlas.* Vol. III. Tradução de Paulo Henrique Britto. São Paulo: Arqueiro, 2010.

______. *A Virtude do Egoísmo.* Tradução de Winston Ling e Cândido Mendes Prunes. Porto Alegre: Ortiz/IEE, 1991.

RAWLS, John. *O Liberalismo Político.* Tradução de Dinah de Abreu Azevedo. São Paulo: Ática, 2000.

______. *Uma Teoria da Justiça.* Tradução de Almiro Pisseta e Lenita M. R. Esteves. São Paulo: Martins Fontes, 1997.

REALE, Giovanni; ANTISERI, D. *História da Filosofia 5:* Do Romantismo ao Empiriocriticismo. São Paulo: Paulus, 2005.

REALE, Miguel. *Filosofia do direito.* 19. ed. São Paulo: Saraiva, 1999.

REGNER, Anna Carolina Krebs Pereira. *Feyerabend e o Pluralismo Metodológico.* In *Revista Epistéme: Filosofia e História das Ciências em Revista.* Porto Alegre, v.1, n.2, 1996.

ROTHBARD, Murray N. *A Anatomia do Estado.* Tradução de Tiago Chabert. São Paulo: Instituto Ludwig von Mises, 2012.

______. *A Ética da Liberdade.* Tradução de Fernando Fiori Chiocca. São Paulo: Instituto Ludwig von Mises Brasil, 2010.

______. *Governo e Mercado:* A Economia da Intervenção Estatal. Tradução de Márcia Xavier de Brito e Alessandra Lass. São Paulo: Instituto Ludwig von Mises, 2012.

______. *Por um Nova Liberdade:* o Manifesto Libertário. Tradução de Rafael de Sales Azevedo. São Paulo: Instituto Ludwig von Mises Brasil, 2013.

______. *Praxeology as the Method of Social Sciences.* Disponível em https://w.mises.ch/library/Rothbard_PraxeologyAsTheMethod.pdf. Acesso em 22 de fev. 2022.

SALLE, Corentin de. *A Tradição da Liberdade: Grandes Obras do Pensamento Liberal.* Tradução de Luís Humberto Teixeira. Lisboa: European Liberal Forum, 2010.

SANDEL, Michael J. *Justiça:* O que é fazer a coisa certa. 6. ed. Tradução de Heloísa Matias e Maria Alice Máximo. Rio de Janeiro: Civilização Brasileira, 2012.

SCHUMPETER, Joseph A. *Capitalismo, Socialismo e Democracia.* Tradução de Ruy Jungmann. Rio de Janeiro: Fundo de Cultura, 1961.

SERPA, Luiz Gustavo Martins. *A Sociedade Aberta e seus Amigos.* Tese de Doutorado. São Paulo: USP, 2007.

SILVA, Roberto Luiz. *Direito Internacional Público.* 3. ed. Belo Horizonte: Del Rey, 2008.

STEWART JR., Donald. *O que é o Liberalismo.* 5. ed. Rio de Janeiro: Instituto Liberal, 1995.

TAYLOR, Charles. *Multiculturalismo:* Examinando a Política de Reconhecimento. Tradução de Marta Machado. Lisboa: Instituto Piaget, 1998.

TOCQUEVILLE, Alexis de. *A Democracia na América, Vol. II:* Sentimentos e Opiniões. Tradução de Eduardo Brandão. São Paulo: Martins Fontes, 2000.

TROPER, Michel. *A Filosofia do Direito.* Tradução de Ana Deiró. São Paulo: Martins, 2008.

VON MISES, Ludwig. *Ação Humana.* São Paulo: Instituto Ludwig von Mises Brasil, 2010

______. *Bureaucracy.* New Haven: Yale University Press, 1944.

______. *Liberalismo Segundo a Tradição Clássica.* Tradução de Haydn Coutinho Pimenta. São Paulo: Instituto Ludwig von Mises Brasil, 2010.

WEBER, Max. *Ciência e Política:* Duas Vocações. Tradução de Leonidas Hegenberg e Octany Silveira da Mota. São Paulo: Cultrix, 2004.

______. *Economy and Society.* Vol. I. Berkeley: University of California Press, 1978.

______. *Textos Selecionados.* Tradução de Maurício Tragtenberg, Waltensir Dutra, Calógeras A. Pajuaba, M. Irene de Q. F. Szmrecsányi e Tamás J. M. K. Szmrecsányi. São Paulo: Nova Cultural. 1997.

______. The Theory of Social and Economic Organization. Glencoe: Free Press, 1957. Apud ROTHBARD, Murray. *Praxeology as the Method of Social Sciences.* Disponível em https://w.mises.ch/library/Rothbard_PraxeologyAsTheMethod.pdf. Acesso em 22 de fev. 2022.

ZANOTTI, Gabriel. *Epistemologia da Economia.* Porto Alegre: EDIPUCRS, 1997.

______. Uma Proposta para Superar o Atual Impasse Epistemológico da Escola Austríaca. In *MISES: Revista Interdisciplinar de Filosofia, Direito e Economia.* São Paulo: Instituto Ludwig von Mises Brasil, 2013.